백수점통은 두 가지의 규격으로 제작되었다. 왼쪽은 큰 규격이고 오른쪽은 작은 규격이다. 포장의 문양으로도 구분을 하였는데, 큰 규격의 점통은 삼족오의 문양을 사용하고, 작은 규격의 점통은 치우천황의 모습을 사용했다.
사용을 할 적에는 위를 벌리면 되고, 사용을 한 다음에는 끈을 잡아 당겨서 조이게 되어있어서 사용하지 않을 적에는 장식용으로도 멋있게 보이도록 고려하여 디자인이 되었다.

【디자인 출원번호 : 30-2010-39323】

큰 점통과 점대의 규격
높이193mm, 직경120mm이며, 점대의 길이는 270mm

작은 점통과 점대의 규격
높이165mm, 직경120mm이며, 점대의 길이는 210mm

점괘(占卦)를 얻고자 할 경우에는 점통을 좌우로 흔들면서 마음속에 원하는 것이 올바른 답을 얻을 수가 있도록 염원한다. 흔드는 것은 점대가 섞이도록 하는 효과도 있지만 그러면서 다른 망념이 없어지고 정신이 집중되도록 하는 효과도 있다. 다만 이미 안정이 된 상태일 경우에는 생략해도 된다.

원하는 일을 결정한 다음에는 통을 놓고 손길이 가는대로 점대를 뽑는다. 이 경우에 특별히 신경을 쓸 것은 없지만, 손길에 맡긴다는 마음으로 편안하게 뽑으면 된다.
간단하게 나온 점대이지만 그 속에 깃들어 있는 내용을 풀이한 것을 보게 되면 감탄을 하게 되는데, 처음에는 연습 삼아서 다양한 경우를 설정하고 뽑아보는 것도 좋다.

점통에 쓰인 글자는 성심통령(誠心通靈)이다. 내용을 풀이하면, '지극한 정성으로 간절하게 알고자 하는 일에 대해서 염원하는 마음이 있으면 신비로운 영감(靈感)에 통(通)하게 되어서 올바른 답(答)을 얻을 수가 있다.'는 뜻이 된다.
모든 일은 지성이면 감천이니 모쪼록 간절한 일에 당면하여 답을 구하면 신은 외면하지 않는 법이다.

백수점단(百首占斷)은

원명(原名)이 백수첨시해(百首籤詩解)이니
중국(中國)의 고대(古代)로부터 전(傳)해진
서민용(庶民用) 점술법(占術法)으로
누구라도 글자만 알 수 있다면
지극(至極)한 정성(精誠)으로 득괘(得卦)하여
하늘의 뜻을 살펴볼 수가 있는 방법(方法)이다.

세상(世上)의 이치(理致)를 살펴보게 되는 것으로는
현학(顯學)에 해당(該當)하는 과학(科學)이 있고
은학(隱學)에 해당(該當)하는 점술(占術)이 있으니
논리적(論理的)인 것은 과학(科學)으로 풀지만,
불가사의(不可思議)한 영감(靈感)의 세계(世界)는
언어도단(言語道斷)한 자리에서 진일보(進一步)하여
무념무상(無念無想)의 순간(瞬間)을 기다려
한 줄기 서광(瑞光)이 길을 보여 주는 것이다.

이제 그 조짐(兆朕)을 내 것으로 만들어서
소중(所重)한 삶의 지혜(智慧)뗏목으로 삼을 뿐이다.
당연히, 강을 건넌 다음엔 뗏목은 잊어버리고!

百首古斷

朗月 朴珠鉉 編解

三命

백수점단

글쓴이 | 낭월 박주현
1판1쇄 | 2010년 9월 20일

펴낸이 | 홍순란
펴낸곳 | 삼명
151-827 서울 관악구 신원동 1634-14번지 4층
등록 | 제 320-2007-59호
전화 | 02-872-2583
팩스 | 02-879-2583
http://www.3myeong.com

ⓒ 박주현, 2010
ISBN 978-89-94107-03-5 03150

책 값은 뒤표지에 있습니다.
잘못된 책은 바꿔드립니다.
이 책의 전부 또는 일부 내용을 재사용하려면 반드시 사전에
저작권자와 삼명의 서면동의를 받아야 합니다.

"誠心靈通"

精誠을 다하여
一念으로 得卦하면
天地神明이 感應하여
그 機密을 열어 주나니
切實하게 必要한 것은
懇切하게 答을 구하는
至極한 誠心일 뿐.

序 - 연기(緣起)

한때는 눈에 보이는 것이 전부(全部)라고 생각을 한 적도 있었다. 그러므로 보이지 않는 것을 부정(否定)하게 되는 것은 당연하다고 생각을 했던 것도 또한 피할 수 없는 생각의 한계(限界)가 될 수밖에 없었다.

흐르는 세월과 함께 자연(自然)의 이치(理致)를 조금씩 깨달아 가면서 보이는 세계는 극히 일부분일 뿐이며 보이지 않는 불가시(不可視)의 세계는 무궁무진한 영역을 차지하고 있다는 것을 깨닫게 되었고, 그러한 세상을 알고자 하여 많은 시간을 골몰했다.

마치 빛의 세계에서 가시광선(可視光線)은 모든 광선의 극히 일부분을 차지하고 있다는 것을 알고 났을 적에 머리를 한 대 '쿵~!' 하고 맞은 느낌이었다. 그리고 나서는 점차로 시야가 넓어졌다.

영적(靈的)인 세계를 조금 알아가면서 낮은 평가를 받거나 무시당하는 무속인(巫俗人)에 대해서도 이해하게 되고, 사회적으로 제거(除去)되어야 한다는 평가를 받는 사람들에 대해서도 조금씩 이해를 할 수가 있을 것 같은 시간들이 흘러갔다. 그러다가 문득 한 계기(契機)가 있어서 점단(占斷)의 세계에 눈을 뜨게 되었다.

어느 한 순간에, '이 속에 뭔가 있다.'는 생각을 하고 나서는 육효(六爻)·단시(斷時)·육임(六壬)·매화역수(梅花易數) 등을 섭렵하면서 이해를 하려고 노력했다. 그러나 천성(天性)이 우둔(愚鈍)한 까닭에 정곡(正鵠)을 얻지 못하고 언저리를 배회(徘徊)하다가 세월만 보냈다.

그러다가 《황극책수조수(皇極策數祖數)》라는 책을 만나게 되었고, 그 책에 쓰인 원칙적(原則的)인 득괘(得卦)의 방법도 제대로 지키지 않은 채로 나름대로 얻은 편법(便法)의 점괘(占卦)로 찾아오는 방문자들에게 점단(占斷)을 해줬는데, 그들은 스스로 괘의 해석에 놀라곤 하는 것을 보면서 오히려 필자가 놀라기도 했다.

간단하기로 유명한 단시점(斷時占)도 활용(活用)을 해 봤다. 그 속에서도 놀랄만한 적중률(適中率)이 있었다. 그래서 때로는 활용을 할 수가 있는 방법으로 참고하게 되었으며, 그 외에도 이런저런 방법들을 응용(應用)해서 할 수가 있는 만큼의 노력으로 활용한 결과 얻은 것은 '과연 방법(方法)은 어떻게 되더라도 점신(占神)은 정답(正答)을 보여준다.'는 생각을 하게 되었다.

그러다가 자평명리학(子平命理學)의 연장선상(延長線上)에서 오주괘(五柱卦)를 만났다. 그리고 점단(占斷)에 대한 방황(彷徨)은 마침표를 찍었다. 더 이상의 다른 방법을 찾을 필요를 느끼지 못했던 것은, '만점동원(萬占同源)'이라는 것을 알았기 때문이다. 즉 어떤 점술법(占術法)을 이용하더라도 결과는 같다는 것을 알았던 것이다.

그럼에도 오주괘(五柱卦)를 일반인(一般人)이 응용하기에는 난해한 점이 한 둘이 아니다. 무엇보다도 생극제화(生剋制化)의 이치에 정통(精通)하지 않고서는 명확한 해답을 얻기가 어렵다는 것은 다른 점술(占術)과 같다고 해야 할 것이다.

자신의 미래에 대해서 궁금한 사람이 음양오행(陰陽五行)에 깊은 식견(識見)을 얻지 못하였더라도 뭔가 명료(明瞭)한 해답(解答)을 얻고자 할 마음이 간절하다면 스스로 답을 얻을 수가 있는 방법으로 제시를 할 것이 있었으면 좋겠다고 생각하였다.

그러다가 대만의 사원(寺院)과 도궁(道宮)에서 시민들이 점괘를 얻어서 자신의 궁금한 미래를 얻어가는 것을 보면서 '옳커니~!'하고 탄성을 질렀다. '이것이라면 누구라도 아무런 이론도 대입할 필요가 없이 천지신명(天地神明)의 계시(啓示)를 얻을 수가 있겠다.'고 판단이 되었고, 실제로 그 자리에서 궁금한 점을 놓고 점단(占斷)을 얻어서 해석을 해 보면서 감탄을 하게 되었다.

마침 동행(同行)한 실직자가 있어서 대북(臺北)의 어느 사찰에 관광을 갔다가 많은 사람들이 뭔가를 던지면서 기도를 하는 것에 대해서 궁금해 하였던 것은 한국에서는 볼 수가 없는 특이한 장면이었기 때문이다.

이러한 정황을 설명하면서 백수첨시해(百首籤詩解)를 어떻게 하는지 그 방법을 알려줬더니 바로 그 자리에서 30여 분 동안 땀을 흘리면서 득괘패(得卦牌)를 던진 다음에서야 점괘 한 장을 뽑아 들었는데 13수였다. 그리고 그 결과대로 지금은 새로운 직장에 잘 나가고 있는데 가끔 만나면 그 점괘가 준 희망에 대해서 이야기를 한다.

이렇게 활용성이 뛰어난 반면에 모두 한자(漢字)로 되어 있으니 해석(解釋)이 난제(難題)였다. 그래서 누구라도 한글만 알면 활용을 할 수가 있도록 해야 하겠다는 생각을 하던 차에 한 마음을 일으키게 되었다. 이렇게 해서 만들어진 책이 바로 이 《백수점단(百首占斷)》이다.

이미 음양오행(陰陽五行)의 이치(理致)에 밝은 학자는 구태여 이러한 방법이 필요가 없을 수도 있다. 다만 그럼에도 필자가 가끔 활용하는 것은, 늘 밥만 먹으면 가끔은 국수가 생각나듯이 판에 짜인 듯한 오주괘(五柱卦)를 보다가 완전히 자유로운 백수점단을 접하면 또 느낌이 다른 것이 묘미(妙味)가 있다. 그래서 가끔 활용을 하게 된다. 모쪼록 이 책이 지혜로운 삶의 반려자(伴侶者)로 그 역할을 할 수 있기를 기원(祈願)드린다.

2010(庚寅) 鷄龍甘露에서 朗月 合掌

凡例(일러두기)

1. 본서(本書)는 백수첨시해(百首籤詩解)를 편집(編輯)하여 정리하고 이해하기 쉽게 길흉사(吉凶事)의 부분을 풀이한 것이다. 백수첨시해(百首籤詩解)는 중국(中國)에서 고래(古來)로 전해지는 신비(神秘)의 점단법(占斷法)이다. 100가지의 점괘(占卦)를 갖고서 인간사(人間事)의 희비애락(喜悲哀樂)을 풀이한다. 총 점괘(占卦)의 숫자가 100이 된 이유는 십간(十干)의 글자를 한 번 곱하여 생긴 숫자이기 때문이다. 천간(天干)의 배열(排列)이 갑갑(甲甲)에서부터 계계(癸癸)까지 나열되어 있는 것은 이것을 의미한다.

2. 모든 괘상(卦象)에는 상상(上上) 상길(上吉) 대길(大吉) 중길(中吉) 중평(中平) 중하(中下) 하하(下下) 등으로 나눈 상중하(上中下)의 길흉(吉凶)이 표시(表示)되어 있다. 이것은 구체적으로 풀이가 되어 있는 점괘(占卦) 이외(以外)의 질문사항(質問事項)에

대해서도 풀이가 가능하도록 배려가 된 것이다. 그러므로 어떤 질문(質問)이라도 능히 길흉(吉凶)이나 성패(成敗)의 답(答)이 가능하다.

3. 천간(天干)을 활용(活用)하는 법은 사주(四柱)를 활용(活用)할 수가 있다면, 용신(用神)을 찾을 수가 있을 것이고, 그 용신(用神)과 연관(聯關)된 관점(觀點)에서 천간(天干)을 활용(活用)할 수 있다. 예를 들면, 목화(木火)가 용신(用神)인 사람이 어떤 사안(事案)에 대해서 득괘(得卦)를 했을 적에 갑병(甲丙)이나 을병(乙丙) 등이 나온다면 구체적(具體的)인 풀이와 무관(無關)하게 좋은 방향으로 해석(解釋)이 가능(可能)하다. 이것은 천간(天干)의 활용법(活用法)이다. 단, 이것은 편법으로 활용하는 것이다.

4. 점괘(占卦)를 얻기 전에 먼저 점기(占機)를 포착(捕捉)하는 것이 중요하다. 점기가 동(動)하게 되면 결과(結果)는 당연(當然)히 정답(正答)을 보여주게 되어 있기 때문이다. 그래서 점기(占機)를 잘 포착(捕捉)했는지에 대해서 고민해야 할 것이며, 이것은 오랜 경험(經驗)을 통해서 얻어지는 경우가 많으므로 처음에 마음을 일으킨 초학자(初學者)라면 인내심(忍耐心)으로 수행(修行)을 한다는 마음가짐으로 꾸준하게 음양오행(陰陽五行)의 이치(理致)를 궁구(窮究)하노라면 점차로 놀라운 경지(境地)의 해

답(解答)을 얻게 된다. 이미 공부가 깊은 학자(學者)는 더 말을 할 필요도 없이 그 놀라움을 스스로 체득(體得)하게 될 것이다. 집중(集中)하여 득괘(得卦)를 하는 것만 중요(重要)할 뿐이다.

5. 점괘(占卦)를 얻는 방법이다.①간절(懇切)한 염원(念願)으로 마음을 모은다.②점대 통을 흔들어서 놓은 다음에 손이 가는대로 한 대를 뽑는다. 원칙적(原則的)으로 일사일점(一事一占)이다.③책을 펴서 해당 항목을 찾아서 풀이한다.

6. 의심(疑心)하지 말아야 한다. 이 점괘가 맞을 것인가에 대해서 의문을 가질 필요가 없다. 중요한 것은 점기(占機)일 뿐이고, 정성으로 마음을 모아서 득괘를 한다면 결과는 명쾌(明快)하게 나타날 뿐이다. 처음에는 장난으로 뽑아보던 사람도 나중에는 적중하는 내용에 놀라서 두려워하는 경우를 자연스럽게 보게 될 것이다. 만약에 자신은 잘 맞지 않는다는 생각이 든다면 아직 기본적인 음양오행의 공부가 부족한 까닭이다. 언뜻 생각하면 별개인 듯싶지만 만사는 이치가 서로 통하는 법이다. 열심히 공부하게 되면 자연스럽게 신(神)의 계시(啓示)를 얻게 되므로 인내심(忍耐心)으로 공부하는 것이 중요하다.

7. 이 책을 보는 방법은 한자로 된 원문(原文)을 읽을 수준이 된다

면 가장 좋다. 그 속에는 고사(故事)까지도 포함되어 있으므로 글을 읽는 묘미(妙味)를 얻을 것이기 때문이다. 그러나 한문을 읽기가 쉽지 않을 것이므로 한문(漢文)이 어렵더라도 오른쪽의 풀이만 봐도 길흉을 판단 할 수 있다.

【聖意】는 공자(孔子)의 말이거나 혹은 다른 이의 말일 수도 있겠는데, 공자의 풀이라고 해야 할 것으로 짐작이 된다.

【東坡解】는 북송(北宋)때의 문장가요. 정치가인 소동파(蘇東坡)인데 그가 성의(聖意)에 대해서 해석을 한 것이다.

【碧仙註】는 벽선이라는 호를 쓰는 사람이 다시 해석을 붙인 것이다. 출처를 못 찾아서 명료한 답을 적지 못했다.

【解曰】과【釋義】는 상세하게 풀이를 한 것이니 의미가 더욱 명료하게 드러난다.

8. 우리말 풀이의 제목에서

【공명】은 세상에서 출세하고 벼슬하는 것을 의미한다. 취직이나 승진(昇進)도 포함된다.

【사업】은 경영하는 모든 일들의 성패를 알고자 할 경우에는 이 항목을 살펴보면 된다.

【소송】은 官司로 고서에 표기가 되어 있는데 관청에서의 일이라고 본다면 소송(訴訟)과 연계가 될 것이다.

【외출】은 밖에서 일을 보는 것을 말하기도 하고 계획을 세운 것

도 모두 포함되어 있다.

【결혼】은 婚姻이니 남녀의 결합을 보고자 할 경우에 필요한 항목이다.

【가족】은 고서에 丁口로 표시가 되어 있는데 가족(家族)으로 보는 것이 쉬워 보인다.

【임신】은 六甲으로 고서에 나와 있는데 내용을 보면 임신(姙娠)의 일임을 알 수가 있다.

【건강】은 疾病을 의미하니 건강(健康)에 관심이 있을 경우에는 이 항목에서 답을 찾을 수 있다.

【농축】은 농축(農畜)으로 고서에는 田畜으로 나와 있으니 농업을 할 경우나 축산업을 할 때에 참고가 된다.

【실물】은 그대로 실물(失物)이니 물건을 잃어버리게 되었을 경우에 점을 쳐서 답을 보는 항목이다.

9. 본 백수첨시해(百首籤詩解)는 고인(古人)의 지혜(智慧)로 만들어서 전해지는 비법(秘法)이므로 경망스러운 곳에는 사용하지 않아야 한다. 날카로운 칼날은 썩은 환부를 도려내는 보검(寶劍)이 되기도 하지만 애꿎은 생명을 해치는 흉기(凶器)가 될 수도 있음을 잊지 않아야 천벌(天罰)을 면하게 될 것이다.

사행심(射倖心)을 조장하는 방면으로 활용하거나, 올바르지 못한 방향으로 응용하게 되면 그 화(禍)는 자손만대(子孫萬代)

에 이어질 것이므로 진실(眞實)로 삼가 해야 할 것이다. 그러므로 득괘(得卦)를 하기 전에 먼저 과연 이 질문(質問)이 이치(理致)에 합당하고 어그러짐이 없는지를 판단할 지혜가 필요하다.

요행으로 한 두 번은 맞췄다고 좋아할 수도 있겠지만 그러한 것은 오래 갈 수가 없으니 스스로 자신의 마음을 다스리지 못한다면 점통을 손에 잡을 생각조차도 하지 않아야 한다. 그러므로 점단(占斷)에 앞서서 먼저 자신의 마음을 다스리고 다른 사람의 고민(苦悶)에 귀를 기울이는 안내자가 되어야 한다.

10. 백수첨시해(百首籤詩解)는 여러 가지가 전한다. 기본적인 골격은 같으면서도 풀이에 대해서는 약간씩 다른 면이 있다. 관음성첨백수첨시(觀音聖籤百首籤詩)와 마조백수첨시해(媽祖百首籤詩解), 관성제군백수첨시해(關聖帝君百首籤詩解)가 대표적이며, 유사한 첨시해(籤詩解)로는 60갑자 첨시해도 있다. 본서의 원본은 관성제군백수첨시해를 바탕으로 다른 첨시를 참작하여 정리했다.

| 一 | 大吉 | 甲甲 | 漢高祖入關 |

유방이 황제가 되어 궁궐에 들어간다.

巍巍獨步向雲間　玉殿千官第一班
富貴榮華天付汝　福如東海壽如山

【聖意】　功名遂. 福祿全. 訟得理. 病卽痊.
　　　　桑麻熟. 婚姻聯. 孕生子. 行人還.

【東坡解】　雲間獨步. 拔萃超群. 名登甲第. 談笑功勳.
　　　　終身光顯. 皆天所相. 祿厚壽高. 意稱謀望.

【碧仙註】　月裏攀丹桂. 成名步玉畿.
　　　　求謀皆稱意. 萬定定無疑.

【解曰】　此籤. 謀望通達. 無不遂意. 但各有所主. 官員占茲有超越之喜. 士人有功名之望. 庶人不吉. 若謀望求財者. 有名無實. 爲語多空虛也.

【釋義】　上兩句. 顯仕者之進身. 出玉殿千官之上. 壽山福海皆天所付. 不可易得. 故不應占得此者. 勢如騎虎降得者吉. 降不得者反被所傷. 千官或作仙官.

【공명】 하늘에서 복록을 이뤄주니 공명이 따르게 되어 천하의 사람을 책임지는 중책을 맡게 된다.

【사업】 재물이 넉넉하게 쌓이고 하는 일마다 뜻과 같아서 반드시 이익이 많이 생긴다.

【소송】 귀인이 하늘에서 도우니 모든 일이 평안하고 만나는 사람마다 협조하여 성공한다.

【결혼】 두 부부가 서로 화합하니 백년해로하고 재물이 늘어나서 행복한 나날이 된다.

【가족】 나날이 평안이요. 시시각각 경사가 생겨나니 안 뜰에 생기가 가득하다.

【임신】 총명한 아들을 얻을 것이오. 하늘이 보낸 귀한 인물이 될 것이다.

【외출】 순풍에 돛을 달고 가는 곳마다 이익이 생겨서 원하는 일들이 크게 발전한다.

【건강】 건강하고 화평하니 액운은 해소되고 질병은 사라지고 마음대로 먹고 수명장수 한다.

【농축】 풍년이 들어서 곡식이 쌓이니 곳곳마다 재물이 생겨나서 앞날이 장대하다.

【실물】 재물의 기운이 흩어지지 않으니 잃었던 물건이 되돌아오고 기쁨이 증가한다.

二　　上吉　甲乙　　張子房遊赤松

유방의 참모 장량이 송림에서 놀고 있다.

盈虛消息總天時　自此君當百事宜
若問前程歸縮地　更須方寸好修爲

【聖意】　訟宜和. 病宜禱. 功名有. 遲莫躁.
　　　　求財平. 問婚好. 若妄爲. 身莫保.

【東坡解】　萬事乘除. 隨時而處. 否極泰來. 事無齟齬.
　　　　能保則吉. 更當修爲. 切莫妄動. 萬福來宜.

【碧仙註】　禍福從天降. 心仁萬事宜.
　　　　若還無妄作. 災散禍消除.

【解曰】　此籤. 謀望虛查. 不宜速進. 且須待時. 方可成就. 婚則合. 訟宜和. 求財有. 行人至. 孕生女. 病宜禱. 大槩以正心修德爲要.

【釋義】　盈. 滿也. 虛. 空也. 消. 窮也. 息. 渙也. 四者皆由天命. 卜者當順受. 不可妄爲. 前程歸縮也. 言目下. 功名期望遠大. 必藉修爲乃得. 病不可保. 訟不可終. 其曰君當百事宜者. 蓋勉人修爲心地. 至於縮地. 乃縮千里. 於目前跬步可至. 此壺公授費長房之術也.

【공명】 힘써 공부하여 공명을 이루니 공덕이 왕성하여 하는 일마다 마음과 같다.

【사업】 지금은 재물 운이 평범하지만 가을이 되면 아름다운 풍경이 전개되어서 수확을 얻게 된다.

【소송】 나를 돕는 귀인을 만나게 되어 그 힘을 얻으니 어려운 일이 쉽게 해결된다.

【외출】 차를 타고 문밖을 나서니 동남방에서 이익을 얻게 되어 계획을 실행시켜 볼만하다.

【결혼】 물과 불이 조화를 이루니 구하는 것이 뜻과 같아서 백년해로하고 화합하게 된다.

【가족】 어른이나 아이들이나 모두가 편안하니 가문에 따사로운 기운이 감돌게 된다.

【임신】 조상님들이 쌓은 음덕으로 귀한 아들을 얻어서 집 안에 큰 경사가 된다.

【건강】 생각했던 것보다 큰 병이 있을 수 있으니 신명께 기도하면 보살핌을 받게 된다.

【농축】 재물이 또 재물을 잉태하니 농사에 관한 일은 크게 성공을 이루게 된다.

【실물】 동남쪽의 방향에서 찾으면 잃었던 물건을 찾을 수가 있으나 다시 잃지 않도록 조심해야 한다.

| 三 | 中吉 | 甲丙 | 賈誼遇漢文帝 |

최연소 박사 가의가 한왕 문제를 만났다.

衣食自然生處有　勸君不用苦勞心
但能孝梯存忠信　福祿來成禍不侵

【聖意】問名利. 自有時. 訟和吉. 病瘥遲.
　　　　求財平. 婚未宜. 誼謹守. 免憂疑.

【東坡解】富貴前定. 何須強求. 從勞心力. 反致傷憂.
　　　　　事親待人. 動合循理. 天必佑之. 有泰無否.

【碧仙註】隨緣安分. 直道而行. 心中無愧. 自然和平.

【解曰】此籤. 只宜守舊. 不可貪求. 但存中直. 却得兩平. 謀事
　　　　遲. 求財阻. 婚姻可. 風水更. 孕將生. 宜蚕保. 免憂驚.

【釋義】生處有者. 戒人凡事依本分. 不可貪得. 處家孝悌. 則內
　　　　無怨. 處人忠信. 則外無怨. 毒害消矣. 交財未穩. 婚姻
　　　　主遲. 是非口舌. 主散爲宜. 修身待時. 不可徒勞心力.
　　　　成字或作時字.

【공명】 앞날이 유망하니 먼저 삼가하고 노력하면 반드시 광명을 스스로 취하게 된다.

【사업】 눈앞의 이익은 당장 아름다우나 이것이 오래가지 못할까 염려되니 모름지기 조심하라.

【소송】 하늘이 하는 일은 모두가 순리를 따라야 하며 적당한 때에 멈추는 것이 현명하다.

【외출】 이번 여행은 조심하고 모함을 주의하라. 그렇지 않으면 간계에 이용될 수 있다.

【결혼】 모름지기 서둘러야 하나니 우물쭈물하다가는 도리어 후회를 하게 될 것이다.

【가족】 온 가족이 모두가 화평하여 근심걱정이 없으니 하늘이 돕고 있는 가정이다.

【임신】 다시 음덕을 쌓고 좋은 일에 보시를 하게 된다면 반드시 자녀를 얻을 수가 있다.

【건강】 몸에 병은 이미 다 나아가고 있으니 앞으로는 건강관리를 하여 후환을 제거한다.

【농축】 농업의 이익은 비록 기대가 되지만 아마도 새어나가는 곳이 걱정이니 곳곳에서 조심하라.

【실물】 숨어있는 사람이 계교를 꾸미니 모름지기 예방에 힘쓰지 않으면 다시 또 잃게 된다.

| 四 | 下下 | 甲丁 | 張翰憶鱸魚 |

조조에게 버림받은 장수가 노어를 추억한다.

去年百事頗相宜　若較今年時運衰
好把瓣香告神佛　莫教福謝悔無追

【聖意】　功名無. 財祿輕. 訟宜息. 婚未成.
　　　　　病難癒. 行阻程. 若求吉. 禱神明.

【東坡解】　先吉後凶. 時運將否. 謀事無成. 頓非前比.
　　　　　　秉誠禱神. 以求福祉. 若無遠慮. 悔無及已.

【碧仙註】　好事連綿過. 時衰禍漸來.
　　　　　　頂天並拜地. 庶可保無災.

【解曰】　此籤吉事已去. 凶將漸來. 祈禱神明. 以保平安. 官事臨
　　　　身. 是非自見. 凡事謀望主不成. 求財交易不就. 所爲皆
　　　　不利也.

【釋義】　此言名利之機. 禍福之由也. 尤當預圖. 免致噬臍. 悔之
　　　　晚矣. 今年時運衰. 言謀事不利. 眷屬不寧. 但當側身祈
　　　　禱. 則變災爲福. 凡事先凶後吉. 運字或作漸字.

【공명】 되지도 않을 일에 괜히 마음만 쓰지 말지니 큰 풍파가 없으면 다행으로 알아야 한다.

【사업】 노심초사하여 있는 힘을 다 쏟아 붓지만 결과는 별 이익이 없으니 쉬느니만 못하다.

【소송】 운명에 관액이 침범하였으니 마땅히 작은 재앙을 피하기 어려운 것도 하늘의 뜻이다.

【외출】 고향을 등지고 멀리 간다고 해도 실제로 이익은 없고 있는 것도 잃게 되니 때가 아니다.

【결혼】 어리석은 사람의 망상에 불과하여 도저히 이뤄질 수가 없는 혼사이니 다음에 다시 보라.

【가족】 가족의 일들은 지금 눈앞에 전개되는 것들이 모두 처량하여 현실적으로 힘든 때이다.

【임신】 임신이 되었더라도 유산이 두려우니 신께 기도하고 서둘지 않는 것이 현명하다.

【건강】 신령이 돕지 않으니 약을 쓰고 병원에 가본들 효과가 미미하니 빨리 의사를 바꿔라.

【농축】 농작물이 시들고 가축은 병들어서 죽어가니 때가 그 운이 아닌가보다.

【실물】 이미 내 손을 떠나간 물건이니 다시 찾을 생각은 잊어버리고 또 잃지나 말도록 하라.

五	中平	甲戊	呂蒙正守困
	장수 여몽이 절개로서 곤궁함을 지킨다.		

子有三般不自由　門庭蕭索冷如秋
若逢牛鼠交承日　萬事回春不用憂

【聖意】 財祿耗. 功名遲. 訟終吉. 病可醫.
　　　　婚宜審. 行人歸. 待時至. 百事宜.

【東坡解】 榮枯有時. 不由人力. 泰運將亨. 終於否極.
　　　　　月日子丑. 凡事皆吉. 如木遇春. 轉見榮益.

【碧仙註】 事有不如意. 當存忍耐心.
　　　　　時來皆順受. 福至禍無侵.

【解曰】 此籤先憂後喜. 三般者. 心口意. 十二時中却得衣食. 官員主有遷移之兆. 應在子丑. 凶者漸吉. 事皆可望也.

【釋義】 由者如意之謂. 牛屬十二月. 鼠屬十一月也. 牛鼠交承. 春氣將回之屬. 夏正建寅. 萬物之生機. 寓焉言人生壽富貴一般. 得之不得. 皆由天命. 非可強求. 子雖有於將來而. 不能如意於此際. 譬如秋景蕭條. 庭戶冷落. 轉盼間而秋去春回. 門第生色矣. 人能順受天命. 坐以待時. 則當子丑交承之日. 春風鼓蕩之際. 不獨名利顯榮. 衣食充足. 卽萬事亦無不遂意. 又何足憂之有哉.

【공명】 노력을 열심히 하면 때는 온다. 사치로 방종하지 말고 검소하게 노력하라.

【사업】 재물의 운을 만났으니 어느 정도 얻을 수가 있다. 다만 그 정도에서 멈추는 것이 현명하다.

【소송】 약간의 도움은 받겠지만 많은 것을 구하기에는 아직 운이 약하니 물러나서 때를 기다려라.

【외출】 은 계기가 있으니 도움을 줄 사람을 반드시 만나게 되어 이익을 얻고 돌아온다.

【결혼】 인연이 되면 만날 것을 너무 신경 쓰고 고민하는 것은 옳지 않으니 마음으로 근신하라.

【가족】 문서 한 장으로 가족이 모두 재물을 얻게 되니 즐거움으로 가득한 나날이 된다.

【임신】 딸을 얻게 되어 기뻐하는 조짐이니 잘 키워서 가정의 보물로 삼게 된다.

【건강】 오로지 마음을 모아서 치료하면 자연히 회복되니 괜히 부담으로 근심하지 말라.

【농축】 가축에는 득실이 반반이라 해로울 일이 없으니 무리하지 말고 순리를 따르면 된다.

【실물】 어디로 갔는지 종적이 보이고 또 찾을 수도 있으니 그 다음에는 항상 조심하라.

| 六 | 下下 | 甲己 | 相如完璧歸趙 |

린상여가 빼앗길 뻔한 벽옥을 다시 가져온다.

何勞鼓瑟更吹笙　寸步如登萬里程
彼此懷疑不相信　休將私意憶濃情

【聖意】 功名無. 財祿散. 病難痊. 防產難.
　　　　婚不成. 訟未判. 行人遲. 休嗟嘆.

【東坡解】 凡事勞心. 有退無進. 謀望不成. 懷疑不信.
　　　　　求合未合. 將圓未圓. 只宜守己. 不宜變遷.

【碧仙註】 兩下心平. 中間却好.
　　　　　先義後利. 庶幾可保.

【解曰】 此籤謂人類不齊. 有陽爲君子. 陰爲小人者. 須防其面是實非之心. 訟只可和. 主有離開. 凡事謹愼周密. 庶不誤敗.

【釋義】 占此者. 名利難進易退. 謀爲多困. 彼此私情. 互相離間. 空勞無成. 休將者戒其去心地之疑. 示人以信. 則謀事自和矣. 鼓瑟吹笙. 小雅篇也.

【공명】 지금의 이 상태를 즐기는 것이 가장 현명하니 앞을 내다보면서 괜한 걱정을 하지마라.

【사업】 한 번 시든 재물의 운이 다시 일어나기는 쉽지 않아서 번창하기는 어려울 조짐이다.

【소송】 사사로움이 진리를 이기지 못하고 굽은 것은 곧아지기 어려우니 물러나서 마음을 잘 다스려라.

【외출】 지금 가봐야 인연이 없을 것이니 괜히 길에서 곤궁하게 될까 걱정이다.

【결혼】 배필이 되기는 불가하니 애초에 인연이 아닌 것으로 알고 다음 때를 기다려라.

【가족】 여기에서 훌찍거리고 저기에서 신음하니 가정의 분위기는 얼음이 얼어 있는 듯하다.

【임신】 모름지기 유산을 조심해야 하니 건강에 각별히 유념하고 주의해야 한다. 아니면 위험하다.

【건강】 질병이 이미 깊은 곳에 다다랐으니 의사나 약이 별 도움을 주지 못할 것이다.

【농축】 전답의 기운이 시들었고 가축도 많이 줄어들었으니 새로운 사업을 구상해 보는 것이 좋다.

【실물】 비록 조심을 한다면 또 잃지는 않겠지만 이미 잃은 것은 돌아오기 어렵다.

| 七 | 大吉 | 甲庚 | 呂洞賓煉丹 |

신선 여동빈이 연단을 만든다.

仙風道骨本天生　又遇仙宗爲主盟
指日丹成謝巖谷　一朝引領向天行

【聖意】　圖名遂. 求財豐. 訟得理. 病不凶.
　　　　　行人至. 夢飛熊. 陰地吉. 婚姻全.

【東坡解】　天生富貴. 況得神助. 凡骨成仙. 昇騰雲路.
　　　　　　庶人遇貴. 財物皆聚. 百事大吉. 何必疑慮.

【碧仙註】　若還求富貴. 須逢好手扶.
　　　　　　問病三日內. 雲路是亨途.

【解曰】　此籤. 貴人占之有薦投之喜. 士人占之有不虞之譽. 庶人占之有百倍之利. 若占病. 當有仙醫扶佑. 在三七日內有效. 否則凶.

【釋義】　呂洞賓. 唐末避兵. 多遊湘湖. 梁魏間稱回道人. 亦稱守谷客人. 皆自寓之. 凡富貴者占此. 事必遂意. 諺云有錢十萬可通仙. 若貧賤之人. 勢力不勝. 不應此籤. 遇人扶持. 事方亨泰. 亦恐不久. 病有仙遊之約. 如過一月. 保可無虞.

【공명】 하늘이 부귀를 인정하고 마음에 공명을 두고 있으니 일거에 뜻을 이루고 세상에 알리게 된다.

【사업】 재물의 별이 높이 빛나고 경영은 순조로우니 재산이 크게 늘어나고 경사가 겹친다.

【소송】 길한 사람이 옆에서 돕고 있으니 모든 일들이 마음과 같이 진행이 된다.

【외출】 어디를 가거나 활발하고 얻고자 하는 것은 반드시 이루게 되어 배에 가득 싣고 돌아온다.

【결혼】 남편은 영예롭고 자식은 귀한 인물이 되니 일생이 마음먹은 그대로 순조롭게 해로한다.

【가족】 가족이 모두 화평하고 운세가 나날이 발전하니 오복이 문전에 모여들게 된다.

【임신】 세상에 크게 이름을 알릴 인물이 태어날 것이니 하늘이 보낸 아들이라 잘 보듬어서 키워라.

【건강】 복이 있는 별이 문전을 비춰주니 병은 자연히 소멸되어 근심이 사라진다.

【농축】 논밭의 수확이 풍성하고 가축도 왕성하게 번창하니 큰 복을 누리게 된다.

【실물】 서두르다가 잃은 물건인데 잃어버리거나 없어지지는 않았으니 잘 살펴보아라.

| 八 | 上上 | 甲辛 | 大舜耕歷山 |

순임금이 역산에 농사를 지었다.

年來耕稼苦無收　今歲田疇定有秋
況遇太平無事日　士農工賈百無憂

【聖意】　士領薦. 人獲財. 訟卽解. 病無災.
　　　　　問行人. 卽便回. 謀望吉. 喜慶來.

【東坡解】　凡事求謀. 昔否今泰. 時運將亨. 有喜無害.
　　　　　　士農工商. 悉逢嘉會. 財物倍收. 普均內外.

【碧仙註】　時否今逢泰. 尤當要守成.
　　　　　　不論貧與富. 自此盡通亨.

【解曰】　此籤宜改圖謀利. 凡百事實踐之人皆有望. 問病占訟. 先憂後喜. 問孕生男. 風水吉利. 子孫亨嘉也.

【釋義】　酉戌亥月日. 美中不足. 主田士之累. 或病疾之憂. 占者多事而過. 太平反處無事. 耕稼无收. 年來之否也. 定有秋. 目下之泰也. 占此先凶後吉. 訟與功名. 秋期捷勝.

【공명】 복록의 운이 형통하니 공명이 마음과 같이 따르게 되어서 이름을 날리게 된다.

【사업】 재물의 운이 형통하여 백 가지를 계획한 것이 모두 순조롭게 진행되어서 성공하게 된다.

【소송】 귀인이 나를 지켜주고 있으니 일마다 남들을 앞서게 되니 아무도 나를 건드리지 못한다.

【외출】 대문 밖을 나가면 이익이 기다리고 있으니 동서남북으로 활동하고 성공하여 귀가한다.

【결혼】 남편을 돕고 자식을 가르치니 행복한 가정을 이루게 되어 원앙이 함께 행복을 나눈다.

【가족】 가운이 나날이 융성하니 백 가지의 일들이 모두 형통하여 가족이 모두 화목하다.

【임신】 꿈에 용과 뱀을 보게 되니 반드시 보배와 같은 귀한 딸을 얻게 된다.

【건강】 약을 먹지 않아도 건강하게 되고 신체가 편안할 것이며 정신은 더욱 맑아지게 된다.

【농축】 농산물의 가격이 계속 올라가게 되고 가축도 늘어나니 올해의 운이 가장 좋은 시기이다.

【실물】 재물이 왕성하니 잃어버리기는 어렵다. 다만 주의해서 관리를 하는 것이 현명하다.

| 九 | 大吉 | 甲壬 | 宋太祖陳橋卽位 |

송태조 조광윤이 진교에서 왕이 되다.

望渠消息向長安　常把菱花仔細看
見說文書將入境　今朝喜色上眉端

【聖意】　名與利. 必至頭. 訟必勝. 病卽瘳.
　　　　孕生男. 婚可求. 行人至. 百無憂.

【東坡解】　謀望已久. 忽得好音. 音書到手. 喜在目今.
　　　　利有攸往. 財獲千金. 所謀遂意. 凡事稱心.

【碧仙註】　行人若久望. 只在三日至.
　　　　自去自回歸. 不出百日内.

【解曰】　此籤謀事尚遠. 自己心急. 他人不知. 若問遠行. 只在百
　　　日之内. 婚姻有期合. 病者宜請禱. 大槪空虛無的實也.

【釋義】　望待也. 長安帝畿也. 文書入境. 有喜信也. 若代人問
　　　名利. 主日下帝畿内. 有佳音來報. 本身自占. 名利則
　　　是虛喜.

【공명】 천년을 힘들게 기다리며 살았는데 한 순간에 공명을 이루고 이름을 떨치게 된다.

【사업】 계획하고 도모하는 일들이 시작은 어렵게 진행되었지만 결과는 큰 이익을 거두게 된다.

【소송】 비록 나를 꺾으려는 사람은 있지만 내 위치가 당당하니 두려워할 필요가 없다.

【외출】 앞의 길이 순탄하니 반드시 나가면 좋은 인연을 만나게 되어 큰 이익을 거두게 된다.

【결혼】 먼저는 어렵고 나중에는 쉬워지니 절대로 필요한 것은 좋은 중매쟁이다. 뜻을 이룬다.

【가족】 가족이 편안하고 좋은 노랫소리가 담장 밖으로 울려 퍼지니 문전에 생기가 넘친다.

【임신】 아들을 얻게 되어 기쁜 경사가 되니 하늘이 보낸 귀한 보배이다. 큰 벼슬을 할 것이다.

【건강】 조상님과 신령님이 도와주고 있으니 비록 지금은 힘이 들고 지쳤더라도 바로 쾌차하게 된다.

【농축】 토지는 비록 많아도 노력을 한 만큼 수확을 거둘 수가 있으니 올해의 운은 길하다.

【실물】 매우 왕성한 운을 만나게 되있으니 잃었던 물건은 반드시 돌아오게 된다. 잘 지켜라.

| 十 | 下下 | 甲癸 | 冉伯牛染病 |

덕행 높은 염백우가 장티푸스에 걸린다.

病患時時命蹇衰　何須打瓦共鑽龜
宜教重見一陽復　始可求神仗佛持

【聖意】 名難圖. 財祿失. 行人遲. 訟未息.
　　　　 病留連. 求神佑. 莫貪求. 宜守舊.

【東坡解】 命運多蹇. 疾病連緜. 但宜修省. 托庇蒼天.
　　　　 直須冬至. 禱神方痊. 凡百謀望. 作事必全.

【碧仙註】 無妄過凶災. 陰人口舌來.
　　　　 一亦生日後. 漸漸福緣開.

【解曰】 此籤大意. 曉然欲惡人知悔過. 若問病訟. 十月方可. 不
　　　　 然莫解. 若作非爲. 禍患立至. 主家神不安也.

【釋義】 一陽復生. 卽有喜之義. 泰來之兆也. 交生誕冬節候. 名
　　　　 利漸享. 謀爲遂意. 只當避害向善. 愼勿妄動. 君子占之.
　　　　 當式微之運. 仿剛正人爲援. 則立身行己. 不爲小人排
　　　　 陷. 小人占此亦宜歛退. 不可進陵君子. 病訟過前月. 無
　　　　 事爲幸.

【공명】 일생의 살아가는 모습이 가난하고 쓸쓸하여 출세와 재물이 모두 공허하니 삶의 방향을 바꿔라.

【사업】 비록 사업을 하여 재물을 취하고자 하는 마음은 있으나 하면 할수록 좌절만 맛보게 된다.

【소송】 무너지고 일그러지는 운을 만났는데 다시 관재까지 겹치니 반드시 어려움이 있다.

【외출】 운명이 앞길을 정해놓고 있으니 동서남북으로 치달려도 결국은 편히 쉴 날이 없다.

【결혼】 인연을 만나지도 못했는데 어찌 혼인이 성사되겠는가. 때가 되기를 기다려라.

【가족】 가세가 시들었으니 외롭고 힘든 나날이라 천지신명을 찾아 복을 빌어라.

【임신】 아들을 낳아 뒤를 잇게 하고 싶으나 황하의 물이 맑아지기를 기다리는 형국이다.

【건강】 기름이 다하여 등불이 꺼지듯이 정해진 운명이 다하였으니 어서 빨리 천지신명께 기도해라.

【농축】 곡식은 시들고 가축은 병들어가고 있으니 때가 아닌 것을 탓하고 다음을 기다려라.

【실물】 재물이 줄어드는 운명이 다가왔으니 아무리 간수해도 없어지기만 한다.

| 十一 | 下下 | 乙甲 | 韓信功勞不久 |

한신의 공은 크지만 오래가지 않는다.

今年好事一番新　富貴榮華萃汝身
誰道機關難料處　到頭獨立轉傷神

【聖意】 莫貪求. 名未遂. 財祿平. 訟不利.
　　　　病者凶. 事不濟. 問行人. 多阻滯.

【東坡解】 命運難亨. 亦不如意. 吉中有凶. 事實無濟.
　　　　　切莫貪求. 出外不利. 如或妄動. 福消禍至.

【碧仙註】 作事須宜愼. 人心隔肚皮.
　　　　　用心防算險. 百事自合宜.

【解曰】 此籤宜更改方得財祿. 要知足. 不可與人其事. 恐機事
　　　　不密. 反成禍敗. 官有旌麾之喜. 孕生男. 士有超拔之喜.
　　　　訟者勝. 婚不吉.

【釋義】 此籤却要知道吾人處世. 當見機而作. 今年命運. 雖吉未
　　　　吉. 似亨未亨. 欲問孕生男. 終難長養. 底於有成. 難料
　　　　處言. 事有變幻. 凡事占之徒勞心力. 若強爲. 到底無益.
　　　　立字一作力字.

【공명】 궁핍함을 근심하고 벗어나고자 하지만 한 가지도 이뤄질 수가 없으니 방향을 바꿔라.

【사업】 본래 조금의 이익만 있어도 좋다고 하였지만 아마도 더 많은 것을 잃게 될까 두렵다.

【소송】 나와 비슷한 적수를 만나서 밤낮으로 싸우게 되니 길함은 적고 흉함은 많은 조짐이다.

【외출】 길을 가는데 앞에서는 풍랑이 몰아치고 있으니 위험할 것은 불을 보듯 뻔하니 나가지 말라.

【결혼】 괜한 마음만 쓰고 있을 뿐 인연이 전혀 닿지를 않으니 마음이나 편안하게 잊어버리도록 하라.

【가족】 문은 닫혀있고 분위기는 썰렁하여 살아가는 재미가 없으니 신령님께 기도를 하라.

【임신】 천지신명이 도움을 주신다면 혹 모르겠지만 이대로는 자식을 얻기 어려우니 기도하라.

【건강】 수명에 흉함이 비쳤으니 약을 먹어도 효험이 없을 것이므로 신불께 기도하라.

【농축】 때가 아닌 시절에 재앙은 겹쳐서 일어나니 가축이나 농업은 후일을 도모하라.

【실물】 조금 있던 재물도 흩어지게 되어 후회함을 면하기 어려우니 모름지기 조심하고 조심하라.

| 十二 | 中平 | 乙乙 | 蘇武牧羊 |

소무가 귀양 가서 19년간 양치기를 한다.

營爲期望在春前　誰料秋來又不然
直遇清江貴公子　一生活計始安全

【聖意】　求名遲. 財未至. 病改醫. 訟最忌.
　　　　行人歸. 孕生貴. 顯宦遇. 方吉利.

【東坡解】　作事遲疑. 求財未遂. 臨江貴人. 望之如意.
　　　　萬一他求. 徒勞心志. 且謹踐修. 以俟時至.

【碧仙註】　凡事苦難成. 好處反傷情.
　　　　好人爲主宰. 謀望盡皆亨.

【解曰】　此籤先憂繼疑. 最後始定. 謀事須托. 傍人扶持. 或官場或紳士. 方能有成. 訟宜休. 病擇醫. 直到秋散後. 始獲安全. 愼勿誤聽讒言. 信任非人可也.

【釋義】　營爲在春間. 主多遂意. 交至秋分. 則否. 大抵始吉終凶. 清江貴人. 謂遠方貴顯之人也. 遇之扶持. 則百事遂意. 舍此他求. 徒勞心力財貨. 至秋必主清廢. 訟有變. 主貴人和解.

【공명】 하늘이 부귀를 내었으니 비록 지금은 어렵더라도 마침내 뜻을 이루게 된다.

【사업】 급류에서는 과감하게 물러나야만 후회가 없으니 이것도 시기를 잘 아는 사람이다.

【소송】 스스로 어질지 못한데 누가 나를 돕겠는가. 오로지 화해하고 베푸는 마음이 필요할 뿐이다.

【외출】 움직일 수가 있더라도 반드시 세 번을 생각해야 하니, 그렇지 않으면 후회를 하게 된다.

【결혼】 일을 벌여도 가시밭길이니 결실을 보기 어려운 인연이라서 이뤄지기 어렵다.

【가족】 가족이 괜한 일로 다투니 먼저 화목한 것이 가장 좋은 법이며 그렇지 않으면 흉하다.

【임신】 딸을 얻을 수가 있는데 또한 기쁜 것은 신령님이 도와주고 있으니 귀하게 된다.

【건강】 병이 깊어 장님이 될 조짐이니 반드시 의사를 바꿔서 치료함이 좋다.

【농축】 하늘이 협조를 하지 않으니 천지신명께 기도를 하여 어려움을 벗어나야 한다.

【실물】 운명에서 잃어버리라고 헷는데 다시 찾아나서는 것은 어리석은 일이니 잊어버려라.

十三	上吉	乙丙	姜太公釣魚
			강태공이 세월을 기다리며 낚시를 한다.

君今庚甲未亨通　且向江頭作釣翁
玉兔重生應發跡　萬上頭上逞英雄

【聖意】　時未亨. 宜守舊. 遇卯日. 名利就.
　　　　　病遲癒. 守終利. 行人歸. 事緩濟.

【東坡解】　命運當蹇. 凡事遲疑. 且宜守舊. 藏器待時.
　　　　　年與日月. 逢卯則宜. 或遇望日. 方稱所爲.

【碧仙註】　孕男婚不成. 守舊莫紛更.
　　　　　不貪與不妒. 平安福祿生.

【解曰】　此籤. 君子占有五年之厄. 庶人占有五年之難. 若能守己.
　　　　轉禍爲福. 不宜進圖更改. 休問訟. 免是非也.

【釋義】　江頭釣翁. 指呂望. 未遇時. 釣於渭濱. 及西伯侯車之
　　　　載. 則萬人上英雄矣. 今君指卜者說. 未亨通. 言目下未
　　　　遇. 有五年之厄. 是自庚至甲也. 若能守己. 待時至. 卯
　　　　年月. 則轉禍爲福. 士人高擢. 庶人發福. 且不但卯年月
　　　　日遂意. 若望日. 則玉兔重生亦應.

【공명】 나를 알아주는 사람을 만나서 출세를 할 계기가 되니 새로운 인연으로 좋은 일이 생긴다.

【사업】 마른 나무가 봄을 만나 새싹이 돋아나고 있으니 반드시 귀인을 만나 큰 이익을 거두게 된다.

【소송】 하늘에서 귀인이 도우러 오니 자신이 희망하는 일들은 반드시 좋은 결실을 거두게 된다.

【외출】 말을 달리면서 꽃을 보듯이 바깥의 풍경이 아름다우니 문을 나서면 기쁨이 있다.

【결혼】 매파가 좋은 사람을 소개하여 어진 처를 얻게 되니 집안이 모두 화목한 가정을 이룬다.

【가족】 사람마다 모두 건강하고 생기가 문 안에 가득하니 과거에 급제하는 사람도 나온다.

【임신】 등불을 켜서 기쁨을 알리니 태어나는 아이가 더욱 복을 받아서 크게 성공할 인물이 된다.

【건강】 오래 묵은 질병이 차차로 나아져서 경(庚)을 만나면 바로 나을 것이니 요양을 잘하라.

【농축】 전답이 늘어나고 곡식은 많아지니 작년보다 더 많은 수확을 거두게 된다.

【실물】 잃어버린 것이 별로 대단한 것도 아닌데 마음에 둘 필요가 없으니 다음에나 조심하라.

十四　下下　乙丁　郭華戀王月英

곽화 도령이 왕월영 낭자를 사모한다.

一見佳人便喜歡　誰知去後有多般
人情冷暖君休訝　歷涉應知行路難

【聖意】　始雖易. 終則難. 名利失. 病未安.
　　　　訟反覆. 孕生女. 行未歸. 事多阻.

【東坡解】事望團圓. 反生齟齬. 人多不情. 恐難憑據.
　　　　只宜自省. 無爲他誤. 戒之戒之. 且疑且慮.

【碧仙註】乍喜反成憂. 虛花總不收.
　　　　世情多反覆. 守己是良謀.

【解曰】　此籤先喜後憂. 不宜放肆. 大概親而又陳. 合而復離. 歷涉險阻. 竟無成. 尤兢兢業業. 庶免後悔.

【釋義】　大抵此籤. 好事難成. 親中招怨. 惹禍難免. 婚不宜成. 占此不可托人. 宜自周旋. 免得後日之悔. 曰樂天諷諫. 曰行路難. 不在水兮不在山. 人情反覆. 問是也. 應字或作方字亦通.

【공명】 괜히 마음 쓰고 힘들여서 노력을 해봐야 결과는 없으니 분수를 지키면서 편안하게 산다.

【사업】 노심초사하면서 사업을 일으키고 확장하려고 하지만 시운이 돕지를 않으니 쉬는 것이 좋다.

【소송】 외로운 현실에서 나를 돕는 사람은 만나기 어려우니 약간의 재앙은 감수해야 한다.

【외출】 고향을 떠나서 어디론가 가고자 하지만 막상 얻은 결과는 없으니 그냥 고향을 지켜라.

【결혼】 인연을 만날 계기가 이뤄지지 않고 좋은 일을 기대하기 어려우니 아직은 때가 아니로다.

【가족】 부모는 병약하고 형제는 뿔뿔이 흩어지는 형국이니 모든 일이 순조롭지 못하다.

【임신】 절대로 초초하게 기다리지 말라. 봄이 되어 온 뜰에 꽃이 피기를 기다려야 한다.

【건강】 천지신명이 돕지 않으니 약도 효력이 없고 병세는 더욱 깊어가기만 한다.

【농축】 닭도 죽고 돼지도 죽어서 가업이 시들시들한 상태이니 벼가 있는 논이나 잘 가꿔라.

【실물】 반드시 뭔가 잃어버리게 되어 있는 운명이므로 구태여 찾으려고 하지 말고 다시 잃지만 말라.

十五　中平　乙戊　張君瑞憶鶯鶯

서상기에 장군서가 최앵앵을 사모한다.

兩家門戶各相當　不是姻緣莫較量
直待春風好消息　却調琴瑟向蘭房

【聖意】　婚未合. 訟未決. 名利遲. 音信缺.
　　　　孕難生. 防口舌. 非知己. 莫妄說.

【東坡解】　兩意未合. 宜於待時. 防憂與慮. 謹愼愆非.
　　　　　直待來春. 萬事方吉. 若或妄動. 徒勞心懷.

【碧仙註】　兩家未合. 百事難諧.
　　　　　門戶可慮. 猷恐成乖.

【解曰】　此籤名不成. 利不就. 婚不合. 凡事却待新春. 方始稱意.
　　　　若妄作. 反勞心力. 終不能如人心願也.

【釋義】　各相當者. 謂情不能諧也. 主骨肉有言語口舌之傷矣. 其
　　　　物換人移. 方得. 妻子和合. 父母克諧. 若或妄爲. 徒勞
　　　　無益. 直遇寅卯辰年月日. 名利皆有. 百事合宜也.

【공명】 큰 뜻을 세웠으면 모름지기 먼저 노력을 한 다음에야 비로소 결과를 바라 볼 수 있다.

【사업】 이익이 미약한데 마음만 조급하여 허둥지둥하게 되지만 그래봐야 또한 결과는 별 수 없다.

【소송】 모든 일에서 물러나고 안정된 환경을 얻는 것이 최선이니 꼬리가 밟히지 않도록 주의하라.

【외출】 발걸음을 옮길 때마다 조심하고 조심해야 하니 그렇게만 한다면 파리대가리 만큼은 이롭다.

【결혼】 서둘지도 말고 너무 좋은 자리만 바라보지 말고 편안한 마음으로 기다려야 되는 시기이다.

【가족】 선하게 대하면 반드시 번창할 것이니 수양하는 마음으로 살면 재앙으로 이어지지는 않는다.

【임신】 근심걱정만 하다가 아이가 놀랠까 두려우니 아들이든 딸이든 다 좋다는 마음을 갖도록 하라.

【건강】 조심하여 보양하면 큰 근심으로는 이어지지 않을 것이고 차차로 나아지게 된다.

【농축】 황무지의 전답에서는 백가지로 유리할 것이 없으니 새로운 방향을 찾는 것이 현명하다.

【실물】 삭은 손실은 있을 것이 운명의 암시이니 조심해서 지키도록 하되 잃은 것은 잊어버려라.

| 十六 | 下下 | 乙己 | 王祥臥冰 |

효자 왕상이 고기를 잡으려고 얼음을 깬다.

官事悠悠難辨明　不如息了且歸耕
傍人煽惑君休信　此事當謀親弟兄

【聖意】　訟難明. 和爲貴. 名利無. 行人至.
　　　　婚未成. 病有祟. 財莫貪. 終無利.

【東坡解】　訟事未決. 且宜從和. 傍人煽惑. 平地風波.
　　　　愼勿輕信. 自投網羅. 謀之兄弟. 誰能奈何.

【碧仙註】　埋頭莫向前. 時違休怨天.
　　　　貴人垂手援. 亨通到百年.

【解曰】　此籤訟事未辨. 以和爲貴. 名利全無. 婚姻未當. 凡有謀
　　　　望. 且待時來. 有人煽惑. 勿輕信也.

【釋義】　問訟顯然宜和. 士人占之. 功名未遂. 官員占之. 主難進
　　　　步. 有礙前程. 蓋明有神非. 幽有鬼責. 財利難求. 營謀
　　　　寡效. 凡事待時. 不宜聽信讒人. 萋菲之說. 兄弟謂至親
　　　　之人. 當謀之以決疑惑也.

【공명】 사치할 꿈도 꿀 필요가 없으니 그것은 당신과 인연이 없는 까닭이라 얼른 방향을 바꾸라.

【사업】 모든 재물은 나와 합이 되지 않으니 신령에게 기도하여 복을 빌고 변화의 전기를 마련하라.

【소송】 운명에 관재가 끼여서 스스로도 속고 남도 속이게 되니 어찌 승리를 할 방법이 있으랴.

【외출】 험난한 지역에 당도하여 어떤 것이 옳은지 알 방법이 없으니 멈추는 것만 못하다.

【결혼】 두 사람의 혼사에 어찌 이리도 막히는 사정들이 겹쳐드는 것은 아직 때가 아닌 탓이다.

【가족】 가문이 화합하지 못하고 저마다 주인이라고 하니 어찌 앞으로 나아갈 수가 있으랴.

【임신】 자식을 구하는 것도 하늘이 기회를 줘야 하는 것이니 스스로 바뀌면 비로소 자식도 가능하다.

【건강】 스스로 만들어서 얻은 병이니 하루 빨리 마음을 고쳐서 수양하고 남을 원망하지 말라.

【농축】 벼농사는 수확이 줄어들으니 어찌 이득이 있으랴 내년 봄이나 바라다 볼 일이로다.

【실물】 어려운 중에서두 찾을 수는 없으니 다른 물건이나 잘 지키는 것이 무엇보다 중요한 일이다.

| 十七 | 下下 | 乙庚 | 石崇被難 |

복이 많은 석숭이 재난을 당하여 참수된다.

田園價貫好商量　事到公庭彼此傷
縱使機關圖得勝　定爲後世子孫殃

【聖意】　事悖理. 訟必傷. 名利未. 亦如常.
　　　　 行人阻. 病宜禳. 且謹愼. 保安康.

【東坡解】 事依本分. 自有前程. 若用機關. 反害其身.
　　　　 如作交易. 當合人情. 倘或妄作. 難保安寧.

【碧仙註】 交加二字必虛勤. 若問財時必見侵.
　　　　 凡事只宜退一步. 須知守己得安寧.

【解曰】　此籤切須依本分. 自有前程. 如有機關. 反成害己利人.
　　　　 凡謀望. 自家商酌方好. 名利未遂. 宜守平常. 行人有阻.
　　　　 病可禳. 婚難成. 謹保安康.

【釋義】　此言訟不成. 凡事循理而行. 不願乎外. 自得亨利. 子孫
　　　　 殃者. 本身無事. 家口多難. 占此. 謀望. 參商. 功名阻滯.
　　　　 切宜自安本分. 莫置度外. 恐有彼此是非.

【공명】 명예는 구해서 무엇을 할 것인가 스스로 분수를 지키는 것이 옳으니 속히 방향을 바꿔라.

【사업】 거래는 무난한데 이익은 파리대가리 정도에 그치니 마땅히 검소함이 옳다.

【소송】 귀인을 만나지 못했으니 스스로 이치를 어기게 되어서 감옥에 가게 될까 두렵다.

【외출】 온갖 궁리를 하면서 아무런 이득도 없이 하루해가 저물건만 어찌 가던 길을 멈출 마음이 없는가.

【결혼】 음과 양이 서로 등지고 있으니 어찌 서로 결합이 가능하리요. 다음을 기약하소.

【가족】 집안이 쇠퇴하니 분위기도 지는 해와 같아서 이대로는 답이 없다. 부지런히 노력할 일이다.

【임신】 원래 자식과는 인연이 없는 운명이니 먼저 자신의 몸이나 챙기도록 하는 것이 가장 옳다.

【건강】 지난 허물을 고치고 좋은 일을 많이 하여 복을 짓고 기도를 많이 하지 않으면 중병을 만난다.

【농축】 벼농사도 피폐하고 소, 양, 말도 전염병에 걸려 죽으니 올 해의 운명은 큰 손해가 난다.

【실물】 이미 잃은 것은 잊고 다시 추가로 잃지 않도록 각별히 마음을 써야 할 것이다.

十八　中平　乙辛　孟嘗君招賢

그릇이 큰 맹상군이 어진 사람들을 초빙한다.

知君指擬是空華　底事茫茫未有涯
牢把腳根踏實地　善爲善應永無差

【聖意】　名利難. 終則有. 病禱神. 訟勿鬪.
　　　　行人遲. 事難就. 且向善. 祈福佑.

【東坡解】　作事未成. 空自指擬. 且宜緩圖. 急則損己.
　　　　　更宜向善. 禱神求安. 轉禍爲福. 可免多端.

【碧仙註】　本分兩字到處諧. 虧爲妄想便生災.
　　　　　財源未遂徒勞力. 且宜向善保亨來.

【解曰】　此籤不宜妄意求謀. 無事空自指擬. 定必有損. 切宜向善.
　　　　祈禱神靈. 轉禍成福. 事有多般. 功名無. 訟勿鬪. 行人
　　　　遲. 財難就. 向善保安. 乃爲上策.

【釋義】　空華謂事無成也. 未有涯亦空也. 凡事宜緩. 不宜妄動.
　　　　求名利者. 難得易失. 若從善事行去. 則是腳踏實地. 無
　　　　失處. 善爲善應. 言天之報施. 並無差謬. 如遇禍患. 占
　　　　此能修省向善. 自然轉凶爲吉. 而天必佑之矣.

【공명】 오래 단련하고 나서야 비로소 구리가 되듯이 많은 세월을 공부한 것이 마침내 보상을 받는다.

【사업】 많은 일을 도모하면서 숱한 고통을 받았는데 그럼에도 얻은 것은 없으니 분수를 지켜라.

【소송】 하늘의 이치에 순응하면 반드시 안전하게 되니 자연의 소리에 귀를 기울여라.

【외출】 움직이는 것이 가만히 있는 것만 못하니 문밖에 나가는 것조차도 집안에 있느니만 못하다.

【결혼】 운명이 서로 어그러지니 아름다운 인연을 만날 기약이 없어서 원래의 자리로 돌아온다.

【가족】 썰렁한 분위기는 가득하고 가족들은 훌쩍이며 울고 있으니 힘써서 분발해야 한다.

【임신】 원한을 맺은 귀신이 복수하려고 자식으로 태어나고자 하니 참회하지 않으면 후환이 된다.

【건강】 마음을 다해서 기도하면 바야흐로 편안할 수가 있겠으니 기도하면서 보양식을 먹으면 좋다.

【농축】 올해의 세월은 이로움이 없으니 농사와 가축 모두 쉬어야 한다. 신에게 기도함이 옳다.

【실물】 스스로 조심을 하지 않아서 마침내 잃어버리게 된 것이니 다시 찾을 필요조차 없다.

| 十九 | 上吉 | 乙壬 | 裵航遇仙 |

태평광기에 배항이 신선을 만나 운영을 얻다.

嗟子從來未得時　今年星運頗相宜
營求動作都如意　和合婚姻誕貴兒

【聖意】　作事吉. 名利遂. 婚姻成. 訟得理.
　　　　孕生貴. 行人至. 病易安. 皆吉利.

【東坡解】久困沉埋. 時運今泰. 作事有成. 名利俱快.
　　　　更無阻滯. 宜爲買賣. 士人占之. 前程遠大.

【碧仙註】時來時去有其時. 但要平心任所爲.
　　　　自此謀爲皆遂意. 孕生貴子時宗枝.

【解曰】　此籤不問貴賤. 皆有和合之象. 謀爲各事. 從今以後可
　　　　成就也.

【釋義】　作客經紀吉. 營與人索取吉. 求要爲此事吉. 動力爲此事
　　　　吉. (吉本作曰)作凡事. 交秋來新運. 自然無阻. 無子者
　　　　得子. 無官者得官. 始雖頗相宜. 終則滔滔順也. 從來未
　　　　得時. 有兩義. 占者在得意之日. 反不應. 此在失意之日.
　　　　許應此. 又當推年命歲運相合. 詩意爲美.

【공명】 관운이 이미 통하였으니 공명으로 뜻을 이루게 될 것이며 부귀가 저절로 이르게 된다.

【사업】 곳곳마다 재물이 생겨나고 눈앞에서 운이 열리게 되니 재운이 무성하게 된다.

【소송】 길한 사람은 하늘에서 돕는 법이고 하는 일이 이치를 벗어나지 않으니 마음과 같이 된다.

【외출】 이제 움직이고자 하면 원하는 바를 다 이루게 될 것이니 큰 배에 재물을 가득 싣고 돌아온다.

【결혼】 이 인연이 배필이요 또 기다려도 아름다운 인연이 생겨나니 문전에 반드시 경사가 있다.

【가족】 아버지와 아들이 뜻이 통하니 문밖과 뜰이 순조롭고 봄빛이 문전에 가득하다.

【임신】 편안하게 아기를 기를 수가 있고 귀한 아들을 연달아서 얻게 되니 자손에 경사로다.

【건강】 고질병은 점차 편안해지고 다시 좋은 의사를 만나게 되어 회춘을 이루게 된다.

【농축】 가축을 키워서 큰돈을 벌고 농작물을 가꿔서 이익을 배나 남기니 크게 순탄하다.

【실물】 조심하여 방비하면 하나도 잃을 이치가 없으며 설령 잃어버렸더라도 바로 찾게 된다.

| 二十 | 下下 | 乙癸 | 嚴子陵登釣臺 |

엄자릉이 초야에서 낚시하면서 유유자적한다.

一生心事向誰論　十八灘頭說與君
世事盡從流水去　功名富貴等浮雲

【聖意】　訟終凶. 止則宜. 名利輕. 病擇醫.
　　　　行人遠. 婚遲疑. 凡作事. 且隨時.

【東坡解】　凡事未決. 且宜緩圖. 時勢縱吉. 未有神扶.
　　　　凡事退省. 終保無虞. 更加修福. 可履亨圖.

【碧仙註】　險人求險地. 說話險心腸.
　　　　有人牢把作. 凶事得安康.

【解曰】　此籤得之外履. 程途險阻. 終不大吉利. 訟終凶. 止則吉.
　　　　功名輕. 行人遲. 婚未成. 凡事到底不吉. 宜謹守可也.

【釋義】　雖履險地. 阻中多反覆. 心事向誰論者. 嘆不得逢貴人之
　　　　焉. 十八灘屬贛州灘名. 惶恐難也. 占此. 主大事已去.
　　　　有包羞忍恥之累. 但當修省. 功名富貴. 雖得機會. 終亦
　　　　難就. 切勿妄想. (得本作朔)只宜謹守. 凡事. 照占者審
　　　　之. 病不可保. 孕不可得.

【공명】 힘써서 행한 것이 없는데 늙어서 무슨 대가를 기대할 필요가 있으랴. 그냥 망상일 뿐이다.

【사업】 때를 만나지 못해서 사업은 심심하기만 하여 더 버티는 것은 의미가 없으니 바로 바꿔라.

【소송】 국법은 불타는 용광로와 같은 것이니 도망간다고 될 일이 아니다. 하늘의 뜻에 따르라.

【외출】 강물에 떠다니는 부평초와 같아서 행여 길을 잃을까 두렵기만 하니 가만히 기다려라.

【결혼】 배합이 될 인연을 얻지 못했으니 전생에 정한 인연이 아닌 줄을 알고 마땅히 서둘지 말라.

【가족】 모였던 기운도 흩어지고 항상 재앙만 따르니 마땅히 화합하는 것이 옳다.

【임신】 마음을 정직한 곳에 두고 지난 허물은 올바르게 고치면 반드시 아들을 얻게 된다.

【건강】 몸에 든 병이 날이 갈수록 깊어지니 아마도 변고를 만날까 두렵다. 바로 의사를 바꿔라.

【농축】 논밭에는 잡초만 무성하고 물은 마르고 곡식은 죽어 버리니 농사를 버리고 새로운 일을 도모하라.

【실물】 이미 잃고 나서야 거꾸로 찾고자 하니 노력의 보람이 없구나. 다시 찾는 것은 의미가 없다.

| 二十一 | 下下 | 丙甲 | 孫龐鬪智結仇 |

손빈과 방연이 지혜로 인하여 원수가 되었다.

與君夙昔結成冤　今日相逢那得緣
好把經文多諷誦　祈求戶內保嬋娟

【聖意】　事無成. 病禱愈. 出不宜. 訟有理.
　　　　病有冤. 求神解. 若欲貪. 終必敗.

【東坡解】　舊有夙冤. 作事隨緣. 急宜向善. 方保安全.
　　　　　力行好事. 心契上天. 變凶爲吉. 出自福田.

【碧仙註】　但凡謀事要心機. 只怕中間有病危.
　　　　　財物交加終到底. 更防耗散待傷悲.

【解曰】　此籤舊有夙冤. 問事無緣. 訟凶. 貴人占之不吉. 庶人占
　　　　之不利. 行人未至. 謀望不成. 若問病. 宜禳謝方保. 財
　　　　物散. 不吉利也.

【釋義】　凡事雖有好機會. 終於無成. 諺云. 無緣對面不相逢是
　　　　也. 婚姻不足說. 難貴顯. 庶人占之. 皆有變更. 不可妄
　　　　爲. 行人望前. 有歸音至. 病者在望前. 難過嬋娟. 陰像
　　　　也. 若朔日. 占此. 主陰人是非. 謙恭以保之. 勤儉以待
　　　　之. 則天佑之矣. 望日得之不如此.

【공명】 어리석은 마음에 망상만 가득하나 마침내 쓰일 곳이 없으니 마땅히 바꾸지 않으면 후회한다.

【사업】 망령된 생각만으로 재물을 취하고자 하지만 도리어 돈이 깨어지니 조심하는 것이 옳다.

【소송】 정직하고 삿됨이 없으면 뜻을 세워서 잘 못 될 일이 없으니 반드시 승리하게 될 것이다.

【외출】 가야 할 길은 암흑이요. 거친 파도가 넘실대니 이 길은 가지 않음이 옳다.

【결혼】 본래 추진할 혼사가 아닌데 애를 써봐야 결실이 없으니 다음 인연을 기다려라.

【가족】 밖에서 공덕을 닦고 인의를 행해도 가족들은 혀만 끌끌 차고 있으니 가정으로 돌아감이 옳다.

【임신】 계행을 지키고 부처를 봉양하면 아름다운 아기를 얻을 것이요 선신이 보호할 것이다.

【건강】 스스로 화를 불러일으켜서 얻은 병이니 신령님께 기도하고 속히 복을 지어서 노력하라.

【농축】 전답과 재산이 왕성하지 못한데 모름지기 사람이라도 화목하라. 이것이 부자가 되는 이치이다.

【실물】 과거에도 소홀히 했는데 이후로는 조심조심 하여서 다시 잃지 않도록 방비하라.

二十二　上吉　丙乙　李太白遇唐明皇

시선 이태백이 당황제 명황을 만났다.

碧玉池中開白蓮　莊嚴色相自天然
生來骨格超凡俗　正是人間第一仙

【聖意】　訟決勝. 名易成. 病卽愈. 財速盈.
　　　　　婚姻合. 貴子生. 家道泰. 百事亨.

【東坡解】　事易明白. 不假人爲. 更宜出入. 切莫遲疑.
　　　　　　士人占之. 高攀桂枝. 一切謀望. 宜趁明時.

【碧仙註】　更宜出入莫遲疑. 士子高攀折桂枝.
　　　　　　婚合自然生貴子. 萬般謀望趁明時.

【解曰】　此籤可謀財. 可望事. 若有現成. 不圖自至. 不勞心力. 訟
　　　　　已決. 名利成. 病則愈. 婚則成. 凡事皆成就也.

【釋義】　花在上實在下. 功名謀望. 若在晚景. 求則得之. 不勞心
　　　　　力. 早年未遂. 病(者). 有孕吉. 無孕凶. 問婚. 得舊配. 問
　　　　　孕生女. 謀事夏秋則吉. 璧玉池中開白蓮者. 乃仙所有.
　　　　　有疑是空談之說. 占者愼之.

【공명】 부귀와 복록이 윤택하여 오래도록 이어갈 것이고 바람결에 새로운 인연을 만나겠다.

【사업】 때가 되면 운이 오고 그 마음에 반드시 원하는 바를 얻게 되니 이것이 진정으로 복이 된다.

【소송】 구름을 얻어서 용이 날아오르니 원하는 일을 추진하여 곧바로 웅장한 기상이 나타난다.

【외출】 이익을 따라서 움직이게 되어서 가는 곳마다 좋은 인연을 만나 큰 재물을 얻게 된다.

【결혼】 양가의 가정과 배필이 올바르니 일마다 뜻과 같아서 백년을 해로하게 될 인연이다.

【가족】 문전의 앞뜰에 생기가 넘쳐나니 내 뜻이 모두에게 통하여 화목한 가정을 이루게 된다.

【임신】 이제야 옥동자를 얻었으니 축하하고 또 축하할 일이며 모든 일이 순탄하게 풀려간다.

【건강】 하루하루 건강이 회복되어서 더욱 강건하게 되어가니 이제부터는 관리만 잘하면 된다.

【농축】 문전옥답에 길한 경사가 일어나니 크고 작은 농작물의 결실이 창고에 가득가득 차고 넘친다.

【실물】 다른 사람에게 갔다가 다시 돌아오니 다시 돌아온 것은 모름지기 잘 지키도록 하라.

二十三　下下　丙丙　吳王愛西施

오왕 합려가 서시에게 반하여 나라를 잃는다.

花開花謝在春風　貴賤窮通百歲中
羨子榮華今已矣　到頭萬事總成空

【聖意】　名與利. 似虛花. 訟解散. 病益加.
　　　　婚未合. 行人賒. 事無就. 徒咨嗟.

【東坡解】　凡百謀望. 有成有敗. 始雖快意. 終實成害.
　　　　吉中有凶. 否生於泰. 若不斂藏. 後憂方大.

【碧仙註】　此籤大不中. 花開遇烈風.
　　　　不利老人占. 病訟盡皆凶.

【解曰】　此籤求望有成有敗. 初快意. 終有害. 吉中有凶. 否有泰.
　　　　不善斂藏. 後憂更大. 名利虐. 訟宜散. 病防老人爲凶.
　　　　婚未成. 行人遲. 失物之憂. 大不吉也.

【釋義】　富貴窮通. 四者循環. 得失不久. 如花之開落無時也. 今
　　　　已矣者. 言凡事泰必復否. 否必復泰. 乃數之極. 變之始
　　　　也. 但占者不爲泰所移. 不爲否所困. 斯爲人定亦能勝
　　　　天. 病防老者. 路防失財. 婚防有別. 孕必生女.

【공명】 부귀는 오래 가지 않으니 향로의 향불이 다 타서 꺼지게 된 형국이라 이제는 인연이 없다.

【사업】 재물의 기운이 비록 남아 있더라도 동에서 얻어서 서에서 잃으니 안정이 최선이다.

【소송】 관청과 이어지는 길이 없으니 일마다 후회를 할 일이 생기고 운명에 막힘이 많다.

【외출】 아침에는 북쪽에서 있다가 저녁에는 또 남쪽에 있으니 분주하기만 할 뿐 얻음이 없다.

【결혼】 두 사람의 마음은 서로 화합이 될 수가 없으니 지금이나 앞으로나 가정을 이루기는 어렵다.

【가족】 노력은 힘써 하더라도 가족은 모두 슬프다고 하니 배우자와 자녀가 모두 울고 있다.

【임신】 출산에 임박하여 액난이 나타나니 조심해서 양생하고 신명께 기도하는 것이 현명하다.

【건강】 정신이 견고하지 못하니 치유가 되는 것도 또한 바라기 어렵고 다시 무거워진다.

【농축】 당장 눈앞에 보이는 것은 왕성한 것 같지만 그것을 유지할 수가 없으니 상황에 따라 변화하라.

【실물】 모이면 또 빈드시 흩어지는 것이니 이것은 자연의 이치라고 생각하고 고민을 할 일이 아니다.

二十四　中吉　丙丁　張騫誤入斗牛宮

개척자 장건이 실수로 두우궁에 들어갔다.

一春萬事苦憂煎　夏裏營求始帖然
更遇秋成冬至後　恰如騎鶴與腰纏

【聖意】　名利有. 莫躁爲. 詞訟解. 婚姻宜.
　　　　行人遠. 病瘥遲. 富與貴. 自有時.

【東坡解】　春日謀望. 事多不成. 夏秋冬月. 始見光亨.
　　　　　更宜出入. 福祿豐盈. 營求如意. 時至卽行.

【碧仙註】　如舟上高灘. 險後得平安.
　　　　　勞心勤苦過. 財氣不艱難.

【解曰】　此籤先難後易. 官員占之. 有超擢之喜. 士人占之. 名利晚成. 凡諸謀望. 只是後好. 訟終解. 婚姻宜. 行人遠. 病難好. 凡事可爲. 自有成就也.

【釋義】　昔人一欲富. 一欲貴. 一欲仙. 一欲腰纏十萬貫. 騎鶴上揚州. 時揚州吏最稱爲富貴仙也. 但此人有是說無是事. 欲求名利者. 皆安於義命. 不可妄爲. 凡事夏秋冬. 但遂意. 惟春則不利也.

【공명】 목전에 비록 어려움은 있으나 차차 뜻대로 진행이 될 것이니 최선의 노력을 기울이라.

【사업】 아직은 뜻대로 되지 않더라도 또 기다리노라면 봄은 오기 마련이니 반드시 전환의 시기가 된다.

【소송】 일마다 놀랄 일이 많더라도 능히 해결의 실마리가 있으니 귀인이 돕기 때문이다.

【외출】 비록 길은 험난해도 마침내 편안한 곳에 도달할 것이니 잠시 주의함이 마땅하다.

【결혼】 가령 닭띠와 개띠를 만나면 가운이 왕성하게 될 것이니 이것은 좋은 인연이 가능하다.

【가족】 당장은 순탄하지 않더라도 가을이나 겨울이 되면 안정이 되어서 다시 생기가 감돌게 된다.

【임신】 많이 베풀고 닦은 공으로 등불을 밝힐 수가 있으니 장차 좋은 종자를 얻게 될 것이다.

【건강】 먼저는 근심하고 나중에는 기뻐하니 마침내 편안하고 축하를 받을 일이 생기게 된다.

【농축】 봄이나 여름에는 그럭저럭 진행이 되고 가을과 겨울에 소득이 늘어나니 이익이 있다.

【실물】 조금 나가고 크게 돌아오니 원망하고 후회만 할 일도 아니다. 마땅히 조심하여 지켜라.

二十五　中平　丙戌　唐明皇遊月宮

당명황이 달에 가서 월병을 얻어먹었다.

寅午戌年多阻滯　亥子丑月漸亨嘉
更逢玉兔金雞會　枯木逢春自放花

【聖意】 訟多憂. 終則息. 名利遲. 婚姻吉.
孕欲保. 作福力. 問行人. 歸有日.

【東坡解】 春夏秋時. 作事遲疑. 直至三冬. 百事咸宜.
卯酉月日. 降福孔皆. 待此謀望. 枯木開花.

【碧仙註】 謀事難成未可誇. 枯木逢春始放花.
敗了又成離又聚. 不宜共事與陰家.

【解曰】 此籤作事遲疑. 至三冬乃通. 卯酉日月作事得時. 如枯木開花. 謀望各事. 不勞心力而成. 以寅午戌三者爲凶. 亥子丑年月日爲吉. 若謀事決. 宜審時. 不得妄動. 訟終息. 名利遲. 婚姻吉. 行人歸也.

【釋義】 十二支干. 凡寅午戌. 人事有阻. 不可進取. 反是有禍. 遇亥子丑. 漸見亨嘉. 至卯酉大吉. 名成利就. 取靑紫如拾芥. 凡事先看年月. 以詳命運. 正合亥子丑卯酉等字. 遂意矣. 君子得之. 主仕(途)進. 小人得之. 逢恩赦至

【공명】 삼가하여 때를 기다리면서 공부를 많이 하면 반드시 뜻을 이룰 날이 다가온다.

【사업】 마음을 편안하게 하고 인내심으로 기다리노라면 스스로 이익을 얻을 날이 반드시 오니 인내하라.

【소송】 뒤로 세 걸음만 물러나면 흉한 일없이 보전이 될 것이며 안정된 마음으로 행하면 된다.

【외출】 걸음걸음마다 인내심이요. 만나는 사람마다 겸양을 잃지 않으면 반드시 큰 이익을 거둔다.

【결혼】 천천히 진행하면 얻을 수가 있으나 급하게 서두르면 실패하게 되니 마땅히 인내하라.

【가족】 안정이 으뜸이요 화목이 최상이니 문 앞에서 다시 새로운 기운이 감돌게 된다.

【임신】 좋은 과실의 종자를 일찍 심었으니 반드시 안전하게 자녀를 얻어서 가문을 빛내게 된다.

【건강】 삼가하고 조화를 잃지 말며 화를 절대로 내지 말라 그렇게 하면 밝은 기운이 끊이지 않는다.

【농축】 작은 이익을 탐하지 말고 스스로 부지런히 수고하고 노력하면서 새로운 방향을 도모하라.

【실물】 얻었다 잃었나 하는 것이 일정하지 않으니 재물도 몸 밖에 있는 물건일 뿐이다.

| 二十六 | 中吉 | 丙己 | 邵堯夫告天 |

소강절이 하늘에 고사를 지낸다.

年來豐歉皆天數　自是今年旱較多
與子定期三日內　田疇霑足雨滂沱

【聖意】　名與利. 今雖損. 若遇時. 便返本.
　　　　 訟可解. 病得安. 婚卽合. 行人還.

【東坡解】　吉凶天數. 目下多迍. 直待時至. 如木逢春.
　　　　　 禱求皆應. 定在三辰. 謀望必遂. 好事相因.

【碧仙註】　吉凶天數奈如何. 且待時來福氣和.
　　　　　 祈禱定應三日內. 營爲好事入門多.

【解曰】　此籤謀事先損後遂. 問病. 星運未順. 目下多悔方吉. 病遇庚申日安. 訟卽解. 名利難. 行人三日內必至. 婚未成. 求財無. 凡事不利達也.

【釋義】　富貴皆有天數. 非人力所爲. 凡百謀爲. 厄於時勢尙未順利. 定期三日內. 言後必有變也. 庚者事之變. 前庚三日爲丁. 後庚三日爲癸. 二字則變凶爲吉. 名成利就. 又當謹修. 於始不可妄動. 病宜祈禱. 子有三胎. 大底(抵)虛名而少實也.

【공명】 사람이 할 수 있는 것은 모두 다 한 다음에 하늘의 명을 기다리면 복은 자연히 오게 된다.

【사업】 편안한 마음으로 조용히 분수를 지키면 이익이 반드시 나타날 것이니 잘 지키도록 하라.

【소송】 스스로를 믿어 부끄러움이 없으니 비록 웅크리고 있더라도 반드시 허리를 펴게 된다.

【외출】 계수나무와 국화가 아름다우니 지나가는 길이 모두 뜻과 같아서 반드시 큰 이익이 있다.

【결혼】 일찍 서두르기 보다는 늦게 오는 때를 기다려서 맞이하지 괜히 서두를 필요가 없다.

【가족】 가족이 모두 편안하고 가을과 겨울에는 더욱 길하니 화목함을 가장 귀하게 여긴다.

【임신】 앞으로 자손들이 번창하여 한 가문에 경사가 겹치게 될 것이니 때가 되어 꽃이 피는 격이다.

【건강】 기운을 조절하고 보양을 잘하면 가을이 되면서 건강을 얻을 것이니 안심하고 마음 놓아라.

【농축】 봄과 여름에는 평온하고 가을이 되면 큰 이익이 발생할 것이니 반드시 재물이 늘어난다.

【실물】 삼가하고 조신하라. 얻을 것은 많고 잃을 것은 적으니 일부분은 돌려주는 것이다.

二十七	中平	丙庚	項仲山飮馬投錢
			항중산의 말이 물을 마시자 돈을 던져 넣었다.

世間萬物各有主　一粒一毫君莫取
英雄豪傑自天生　也須步步循規矩

【聖意】　訟莫興. 病審醫. 名與利. 聽天推.
　　　　　婚未定. 行人遲. 凡作事. 安分宜.

【東坡解】　富貴分定. 切莫強求. 若或妄取. 必有後憂.
　　　　　且宜守舊. 更勉進修. 心行平等. 自獲天休.

【碧仙註】　守分方可過. 欺凌必反災.
　　　　　妄爲難自保. 依理福田來.

【解曰】　此籤只宜守分. 不可妄爲. 若要謀事. 不可以強凌弱. 以富壓貧. 稍涉欺凌. 反成災害. 訟必和. 名利有. 財難求. 行人有阻. 病宜禳方可. 婚不宜也

【釋義】　名利. 近不可得遠大. 難(成)就. 言萬物各有所主. 戒占者不可以強凌弱. 且富貴貧賤. 自有分定. 若妄爲損其德行. 安望名利之遠大哉. 此籤大抵. 當循規矩. 自獲大祐. 病者弗藥而自癒也.

【공명】 처음에는 고통이 크고 힘들지만 과거에 급제를 할 운이니 마침내 힘든 곳에서 뜻을 이룬다.

【사업】 고통스럽게 경영한 일이 반드시 큰 이익을 남길 것이니 당분간은 힘들더라도 잘 견뎌라.

【소송】 하늘의 이치를 실천하고 자연의 말에 귀를 기울이며 스스로 늘 조심하는 마음이 옳다.

【외출】 범띠와 용띠를 만나면 이익이 많고 오래도록 인연하여 큰 수익을 안고 돌아오게 된다.

【결혼】 가정을 이루는데 어려움은 많지만 마음으로 부합하니 점차로 행복한 나날이 다가온다.

【가족】 가정에 질병의 근심이 있으나 위기를 넘어가면 다시 안정이 되니 반드시 화목을 얻게 된다.

【임신】 자식은 아마도 상당히 늦을 모양이니 미리부터 공덕을 많이 쌓으면 멋진 인물을 얻는다.

【건강】 죽을 때까지 선행이 좋으니 일생 힘써서 행하도록 하라 재앙과 질병은 저절로 없어진다.

【농축】 올해는 아름다운 운이 아니다. 겨울은 지나가야 비로소 좋아지니 삼가하고 준비하라.

【실물】 운에서 조금은 손해가 날 조짐이다. 금전이 줄어들 것이므로 스스로 방비하도록 하라.

二十八　上吉　丙辛　相如題橋

고생하던 사마상여가 다리에 제목을 쓴다.

公侯將相本無種　好把勤勞契上天
人事盡從天理見　才高豈得困林泉

【聖意】 病與訟. 久方解. 名與利. 姑少待.
　　　　若失物. 尋必在. 雖漸困. 終必泰.

【東坡解】 榮華富貴. 勤苦得之. 目下雖困. 後必逢時.
　　　　　切勿自怠. 更勉修爲. 人事既盡. 天理可知.

【碧仙註】 但存平等心. 所作皆無慮.
　　　　　若不勤謹修. 歡處必生事.

【解曰】 此籤吉利. 凡事切莫歎息. 更須修心向善. 自有好處. 問訟. 久方決. 名利達. 失物尋在. 病宜祈保. 行人還. 求財得.

【釋義】 人之富貴. 勤苦可得. 豈限白屋朱門之說. 所謂本無種者也. 目下雖困. 而未逢時. 切莫嗟嘆. 但當勇爲. 若才高而人事已盡. 則天必假手薦拔. 不求而自至矣. 名有天理之報. 財有守時之益. 凡事只當循乎理法. 不可妄爲也.

【공명】 고통이 없이 이뤄지는 것은 하나도 없으니 먼저는 어렵고 나중은 쉽다. 다만 반드시 이뤄진다.

【사업】 흉함이 다하면 길함이 돌아오니 바야흐로 편안한 시절이라 힘써 온 마음으로 노력하라.

【소송】 일일이 예측을 할 수가 없을 정도이지만 마침내는 빠져나올 길이 있어 감옥을 면하게 된다.

【외출】 비록 앞뒤로 오락가락하지만 고통이 다하면 즐거움이 오게 되니 사람을 속이지 않는다.

【결혼】 눈앞에는 인연이 이르지 않았으나 좋은 사람이 기다리고 있으니 마침내 만나게 된다.

【가족】 어려움이 다 지나간 다음에 화목이 오게 되어 가정에는 따스한 기운이 넘치게 된다.

【임신】 하늘에서 귀한 아들이 내려오니 문전에 경사가 겹치게 되어 아름다움을 갖추게 된다.

【건강】 병세는 비록 위중해 보이지만 신령께 기도하면 보호해 줄 것이므로 마침내 건강을 얻는다.

【농축】 전답과 가축이 왕성하게 번창하니 크게 길하여 반드시 성공을 이루게 된다.

【실물】 파란과 험난함을 만나는 운이니 조심하고 근신하여 방비하면 잃음을 방지하게 된다.

二十九　上吉　丙壬　司馬溫公嗟困

사마온공이 백성의 곤궁함을 탄식한다.

祖宗積德幾多年　源遠流長慶自然
若更操修無倦已　天須還汝舊青氈

【聖意】　天福善. 產貴子. 病者安. 訟得理.
　　　　名必得. 仍得利. 行人歸. 皆如意.

【東坡解】　善惡胚胎. 由人自栽. 修善暑泰. 積惡者災.
　　　　若能修持. 福自天來. 依舊榮華. 自有安排.

【碧仙註】　積善之家. 必有餘慶. 子孫眾多.
　　　　門戶昌盛. 好修福祿. 前程順應.

【解曰】　此籤. 士人占之大吉. 官員占之高擢. 庶人占之終有發達.
　　　　訟得理. 病易安. 婚必成. 名利遂. 行人卽回. 凡事如意.
　　　　但要修心積善方好. 不可著急也.

【釋義】　凡事多得遂意. 此皆祖宗積德所致. 若果能順理而行. 去
　　　　其欺害. 則天之報施. 決然不爽. 青氈者. 舊物也. 運乃
　　　　失而復得. 否而復泰也. 操修或作修爲.

【공명】 앞길이 원대하니 부지런히 연마하여 공을 이루고 나서는 비단 옷을 입고 고향에 돌아간다.

【사업】 좌우에서 모두 나를 돕는 인연을 만나 재물의 운이 형통하니 이제 서야 운이 돌아왔다.

【소송】 귀인이 나를 도우려고 기다리고 있으니 하는 일마다 순리대로 따르게 되어 좋은 결과를 얻는다.

【외출】 밖에 나가서 순조롭게 이익을 얻어서 재물의 기운이 충족하여 큰 성공을 거둬서 돌아온다.

【결혼】 아들은 귀하게 되고 남편은 영예로워지니 백년을 화합하여 원앙과 봉황이 된다.

【가족】 문턱이 대길하고 나날이 행복한 가정이라 뜰에서 생기가 넘쳐난다.

【임신】 좋은 터에 귀한 종자를 심었으니 반드시 아름다운 아이를 얻게 되어 봄날에 소식을 접한다.

【건강】 신이 보호하여 봄날이 되면 자연히 치유가 될 것이며 그 후로는 조절하여 나아지게 된다.

【농축】 전택이 왕성하고 가축도 대길하니 미음을 다해서 경영에 힘쓰면 수확이 증대한다.

【실물】 잃어버린 물건이 다시 돌아오게 되니 길인이 돕고 있음이라 모름지기 다시 잃지 않도록 하라.

| 三十 | 中吉 | 丙癸 | 柳毅傳書 |

유의가 용녀의 서신을 용궁에 전했다.

奉公謹守莫欺心　自有亨通吉利臨
目下營求且休矣　秋期與子定佳音

【聖意】 利雖有. 莫妄作. 訟宜和. 病勿藥.
名待時. 婚有約. 但存心. 安且樂.

【東坡解】 公平處己. 切莫自欺. 福祿雖有. 漸且待時.
若要進取. 未可施爲. 凡百謀望. 秋以爲期.

【碧仙註】 先難後易莫相欺. 謀望營爲秋得宜.
謹守定應多福祿. 且須從緩待其時.

【解曰】 此籤目下不宜妄取. 只宜守己. 官員占之. 必有憂疑. 若
能謹守. 方得吉利. 士人占之. 且待時來. 庶人占之平順.
病宜服藥. 訟宜和. 婚有約. 謀望先難後易. 不可躁進.
安分守己. 秋月方佳也.

【釋義】 貴人占之有刑憲. 士人占之進取未遂. 秋期方有佳音. 宜
好學養重. 凡事占之. 當正道而行. 待時而動爲要.

【공명】 지금이야 어려움이 많지만 앞으로 가면서 점차로 형통하게 되니 인내심으로 지켜야 한다.

【사업】 지금은 어려운 시절이지만 다시 봄을 기다리면서 준비하노라면 반드시 왕성한 운이 온다.

【소송】 길한 가운데 놀랄 일이 있으나 스스로 물어서 부끄럽지 않으면 무슨 근심을 할 것인가.

【외출】 비록 험난한 길은 많으나 마침내는 편안한 곳에 도달하니 가을에 더욱 길함이 크다.

【결혼】 때는 평온하여 무난하고 봄이라면 더욱 길하니 인내심으로 조금만 더 기다리면 좋다.

【가족】 지금은 불편한 상황이지만 가을겨울에는 화목하여 가운이 융성하게 될 것이다.

【임신】 마음으로 간절하게 기도하고 구하면 하늘에서 귀한 아들을 베풀어 주니 이때를 놓치지 말라.

【건강】 먼저는 근심하고 나중에는 기뻐하니 마침내 편안함을 얻게 되어 약도 없이 더욱 건강하다.

【농축】 전답의 재물이 더욱 올라가고 저축도 더욱 늘어나니 이것으로 내일을 준비하게 된다.

【실물】 불선은 반드시 주인에게 돌아가는 것이니 잃었다가도 다시 찾게 된다.

三十一	中吉	丁甲	蘇卿負信
	소경이 번녀와의 약속을 저버렸다.			

秋冬作事兄尋常　春到門庭漸吉昌
千里信音符遠望　萱堂快樂未渠央

【聖意】　訟漸理. 病漸康. 財始達. 名始彰.
　　　　　行人近. 婚姻良. 家道吉. 福祿昌.

【東坡解】　凡百謀望. 秋冬平平. 春來運至. 次第光亨.
　　　　　遠行有信. 所作皆成. 家道清吉. 可保安寧.

【碧仙註】　凡事營求名以成. 春來次第自通亨.
　　　　　門庭吉利皆平善. 財物相應漸漸生.

【解曰】　此籤秋冬平平. 逢春求財謀事. 只宜漸進. 不可急切. 行
　　　　人至. 訟必理. 病漸安. 婚久成. 凡謀事緩. 則安康也.

【釋義】　凡百謀望. 秋終尋常. 至春方可求名者. 秋闈未遂. 春闈
　　　　及第. 千里信音. 宜遠不宜近. 宜緩不宜急也. 若躁進有
　　　　害. 萱堂母氏也. 快樂無恙也. 大抵此籤言家眷有慶餘.
　　　　須看時令. 合則吉. 乖(乖本作乘)便非.

【공명】 그대는 그대의 운명이 하늘에서 이뤄진 것임을 알라 일생 부귀영화를 누릴 것이다.

【사업】 봄날의 따스한 빛이 좋으니 하는 일이 마음과 같아서 큰 재물을 얻어서 일생 부자가 된다.

【소송】 귀인을 만나서 의기를 투합하니 관청의 소송이라도 순조롭게 진행하여 반드시 해결된다.

【외출】 가는 길이 평온하니 바로 아름다운 때를 만났음이다. 모든 일이 순조롭고 이익이 생긴다.

【결혼】 집안이 편안하고 일생이 안정되는 인연이니 화합하여 마음이 서로 하나가 된다.

【가족】 가족들은 화평하여 수행으로 서로 양보하고 선함으로 힘을 쓰니 반드시 융성한다.

【임신】 고요하게 지내면서 안정을 찾으니 아들을 낳고 딸을 길러서 덕을 쌓아 복을 이룬다.

【건강】 크게 화목하여 마음 가운데 편안함이 넉넉하니 근심스러운 일은 사라지고 없다.

【농축】 전답과 재물이 이로움을 가져오고 가축도 왕성하게 번식하니 부지런히 노력하라.

【실물】 집 밖으로 나가지 않았으니 무슨 근심을 할 필요가 있을까? 찾으면 반드시 나온다.

| 三十二 | 下下 | 丁乙 | 周公解夢 |

주공이 할 일 없이 꿈 풀이나 하고 있다.

勞心汨汨竟何歸　疾病兼多是與非
事到頭來渾似夢　何如休要用心機

【聖意】 訟終凶. 名未通. 病者險. 財亦空.
　　　　婚未合. 是非叢. 行人阻. 事無終.

【東坡解】 事謀不成. 徒自勞心. 口舌立至. 禍患來侵.
　　　　　不如退步. 暫隱山林. 處其所在. 可遇知音.

【碧仙註】 謀望事多嗟. 徒勞心力賒.
　　　　　若求婚與利. 口舌見交加.

【解曰】 此籤問病不利. 訟不好. 謀事皆不如意. 主口舌之憂. 事
　　　　雖有成. 後必有敗. 空勞心力. 只宜安分. 不可妄爲.

【釋義】 謀爲動作. 是是非非. 何有歸一. 徒弊精神. 無益於己.
　　　　且事以謀而成. 以謀而敗. 到底不吉. 如春夢一番. 有名
　　　　無實也. 占者作事. 可已則已. 如不可已. 則當循理而行.
　　　　使盡心力而爲之. 後必有災. 正六月. 防有疾. 老者難保.

【공명】 광채도 나지 않고 아름다운 구름은 쉽사리 흩어지니 늙음에 이르도록 이뤄진 것이 없다.

【사업】 온 몸과 마음을 기울여서 노력을 했지만 한계는 있으니 그것이 운명이려니 하라.

【소송】 망녕되게 너무 기대를 갖고 의지했지만 헛된 꽃이 오래 머물 수가 없으니 송사의 일은 흉하다.

【외출】 발걸음을 옮기기도 힘에 겨운데 내 맘을 알아주는 사람도 없고 가야 할 곳도 없다.

【결혼】 허황된 일을 하고 있으니 처가를 의지할 수가 없는 일이라 배필이 되기는 불가능하다.

【가족】 잠시 나타난 환상은 이내 사라지고 마는 것이니 가문에 큰 손실이 있을 조짐이다.

【임신】 기혈이 고르지 못한 산모가 마침내 헛된 꿈만 한바탕 꾼 셈이니 신령께 기도를 해보라.

【건강】 온 힘을 다 기울여서 병을 다스린다면 우연히 안정이 되겠지만 이미 병은 두 눈에 들었다.

【농축】 가축과 농산물이 시들어가니 이익은 참으로 미약하다. 마땅히 다른 것으로 바꾸라.

【실물】 괜히 마음을 기울여서 동서남북으로 찾아다녀 보지만 마침내 애를 쓴 보람도 없겠다.

三十三　中吉　丁丙　莊子慕道

장자가 도를 그리워한다.

不分南北與西東　眼底昏昏耳似聾
熟讀黃庭經一卷　不論貴賤與窮通

【聖意】　訟莫爭. 病難癒. 名與利. 莫貪取.
　　　　問行人. 信尚阻. 能修善. 有神助.

【東坡解】　吉凶禍福. 報應分明. 若人祈禱. 如谷應聲.
　　　　無分貴賤. 宜養精神. 定則能應. 福自駢臻.

【碧仙註】　是非莫管. 一任紛紜.
　　　　見如不見. 聞如不聞.

【解曰】　此籤不宜妄想. 只宜守舊. 自有成就. 不意反成得意. 無望反成有望. 宜謹守所爲. 不可自專. 訟莫興. 病宜禳. 利葵貪. 行人阻. 若修善. 自有神助也.

【釋義】　不宜妄動. 佯爲聾瞽. 是非莫管. 黃庭經. 道書也. 士人占之. 但當明其道. 不計其功. 貴賤窮通. 付之天數. 則天必祐之矣.

【공명】 물러나서 분수를 지키면서 삼가는 것이 옳으니 용기가 필요하고 그렇게 하면 욕됨이 없다.

【사업】 마음이 편안하게 인내심으로 스스로를 다스리도록 하고 쓸데없이 많은 궁리는 하지마라.

【소송】 뒤로 세 걸음을 물러나서 조용한 밤에 마음을 다스려라. 흉한 일은 생겨나지 않으리라.

【외출】 옮기는 걸음마다 조심조심 인내하고 겸손과 공손함으로 자신을 지키면 유익함이 있다.

【결혼】 느긋하게 생각하고 인연은 하늘이 정해 주는 것이니 급하게 서둘지 않는 것이 현명하다.

【가족】 편안하게 지내도록 노력하라. 화합하는 가정보다 더 좋은 것은 없으니 점차로 안정이 된다.

【임신】 평상시에도 선행을 하면 재물이 형통하고 보배와 같은 자녀도 함께 온다.

【건강】 과로를 삼가하여 조화를 지켜야 하고 화를 절대로 내지 말고 마음을 열어야 한다.

【농축】 작은 이익을 탐하지 마라. 오히려 큰 것을 잃게 될 것이니 탐심을 취하지 말아야 한다.

【실물】 얻고 잃는 것이 항상 같지 않다고 어찌 근심만 하고 있는가? 스스로 조심만 할 뿐이다.

三十四　中吉　丁丁　蕭何追韓信

떠나는 한신을 소하가 쫓아가서 데려온다.

春夏綫過秋又冬　紛紛謀慮攪心胸
貴人垂手來相援　休把私心情意濃

【聖意】 訟有憂. 病未瘳. 財祿散. 忌遠謀.
行人動. 婚莫求. 防口舌. 免悶愁.

【東坡解】 一歲營謀. 未有發達. 必得貴人. 垂手提挈.
漸漸亨通. 可免激聒. 莫信私人. 巧語鬪謀.

【碧仙註】 訟則憂兮病不瘳. 財物耗散莫相謀.
行人動作婚難就. 口舌須防免唧啾.

【解曰】 此籤. 空虛. 指望無成. 徒勞自己心力. 謀事不就. 所爲
虛費功夫. 營求未有發達. 若得貴人提攜. 漸漸亨通. 莫
信私言巧語. 方免聒聒也.

【釋義】 一年之內. 謀爲紛紛. 徒然勞苦. 若得貴人提挈. 只宜 進
去私慮. 將心靠他. 始得亨通. 若惑于婦人之言. 或因他
事之累. 則彼此之間. 互相猜忌. 事便無益. 占者得之.
防口舌. 名利休問.

【공명】 만약 앞으로의 일을 묻는다면 먼저 자기부터 구하라고 할 것이니 반드시 결실을 얻게 된다.

【사업】 편안한 마음으로 옛 것을 지키면서 필요없는 망상은 잠시 뒤로 접어두어도 좋을 것이다.

【소송】 인내심으로 견디는 것이 가장 아름답다. 다투면 뭘 하겠는가? 화해가 으뜸이니라.

【외출】 동방으로 가면 길하고 서쪽은 이익을 잃게 되니 잘 살펴서 판단하는 것이 좋다.

【결혼】 난새와 봉새가 서로 짝을 얻지 못한 형국이니 시작도 없고 끝도 없이 그렇게 세월이 간다.

【가족】 서로 믿으면서 선행을 실천하니 스스로 능히 편안하고 가문은 기쁨을 얻게 된다.

【임신】 자식은 늦게서나 때가 되면 자연히 얻게 되니 반드시 복을 쌓는 것이 좋다.

【건강】 편안한 마음으로 신을 의지하고 부처를 믿으면서 건강조절과 음식보양을 하라.

【농축】 작은 장애로 인해서 공허하게 될 수가 있으니 시절을 잘 살펴서 주의해야 한다.

【실물】 운이 당연히 약간의 손실이 있음을 의미하고 있으니 모름지기 주의하여 잘 살피도록 하라.

三十五　下下　丁戊　王昭君和番

절세미녀 왕소군이 흉노의 왕을 만났다.

一山如畫對淸江　門裏團圓事事雙
誰料半途分析去　空悼無語對銀缸

【聖意】 訟終凶. 宜謹防. 病者險. 主重喪.
　　　　行人阻. 財有傷. 婚不合. 謹行藏.

【東坡解】 墳宅雖吉. 命運未通. 家門招禍. 好事成空.
　　　　　夫妻離散. 骨肉西東. 凡事不遂. 有始無終.

【碧仙註】 始終未必不貪圖. 到底須知力枉勞.
　　　　　設得十分奇巧計. 却防中路被風濤.

【解曰】 此籤墳宅雖吉. 命運未通. 謀望到底成空. 先吉後凶. 有始無終. 須防有死亡之患. 訟必凶. 病主險. 求財必無. 行人有阻也.

【釋義】 一山對淸江. 言風水雖合吉. 但命運未通故也. 門裏團圓之事. 半途分折. 骨肉離散. 名成而敗. 利得而失. 若人有見機之智. 不待時之過中勢之極盛. 先爲趨避之計. 則晚節末路可保無虞. 占家宅. 親病必危. 問行人. 有阻. 凡事欠順.

【공명】 쓸데없이 마음만 쓰면 뭘 하나 구해봐야 이익도 없는 것을, 속히 가던 길을 고쳐야 한다.

【사업】 이익은 매우 적고 고통은 힘들 것이니 더럽게 탐심으로 욕망을 이루려고 하지 말라.

【소송】 상대는 강하고 나는 약하니 어찌 능히 슬픔이 없겠는가? 외로움에 도움의 손길도 없다.

【외출】 나그네 가는 길에 어찌 이리도 힘든 일들이 많단 말인가? 집안에 있는 것이 최선이다.

【결혼】 배우자를 강제로 구해서 될 일은 아니다. 때가 되면 만나는 것이지 지금은 아니다.

【가족】 가족들이 모두 고통을 겪고 있으니 편안하게 되어야 하겠지만 모두들 힘들게 지나간다.

【임신】 귀한 아들을 얻겠는가? 황하의 물이 맑아지기를 기다리면 될까? 다른 날에 다시 보자.

【건강】 흉함은 많고 길함은 적으니 기도를 해봐도 공덕이 없으니 아마도 예상치 못한 일이 생길 것이다.

【농축】 가축이 새끼를 낳지 않으니 올해의 운수는 오그라드는 때인지라 내년 봄을 기다려 봐라.

【실물】 잃은 물건은 이미 내 손을 떠나간 것이니 소식이 없다. 두 번도 생각하지 말라.

三十六　上吉　丁己　　羅隱求官

당의 라은이 벼슬길에 뜻을 두어 출세한다.

功名富貴自能爲　偶著仙鞭莫問伊
萬里鵬程君有分　吳山頂上好鑽龜

【聖意】名與利. 在晚成. 訟得理. 病漸亨.
　　　　問遠信. 阻行程. 婚可合. 孕將生.

【東坡解】富貴分定. 遲速有時. 藏器以待. 切莫怨遲.
　　　　　掀天事業. 時至卽爲. 若到天邊. 便可決疑.

【碧仙註】榮華有分. 未得其時.
　　　　　他人早達. 切莫恨遲.

【解曰】此籤不可躁進. 欲速則不達. 富貴遲速有時. 若在家則困苦. 出外則震亨. 不宜守舊. 訟得理. 名利晚成. 行人阻. 婚必成. 病漸安. 先凶後吉也.

【釋義】窮通得喪. 出於偶然. 各有其時. 凡事成之. 必在於後. 鵬程. 名利之程. 吳山卽吳越之山. 高宗卽位. 播遷至越. 功名之會. 南至於此. 以應選. 占者亦當進圖功名. 好鑽龜者. 謂占其用否之兆. 自能爲者. 要在人當修爲. 以待時. 不可委於時之未至. 而嗟歎也. 求財南方有. 北方不穩.

【공명】 복록은 미리 정해진 것이니 명성과 이익이 함께 이뤄진다. 희망을 갖고 노력하라.

【사업】 재운이 남방에 들었으니 그쪽으로 노력을 하면 크게 이익을 얻게 될 것이다.

【소송】 귀인이 도움을 주려고 하니 스스로 능히 해결을 할 수가 있다. 다만 사람을 무시하지 마라.

【외출】 문을 나서면 기쁜 일이 기다리고 있고, 도움을 줄 대인을 만나서 만사가 형통하게 된다.

【결혼】 멀리에서 인연이 되는데 다시 모두가 이롭게 된다. 서로 만나 백년해로를 하게 된다.

【가족】 문전에 봄의 기운이 왕성하고 가족은 모두 편안하니 오가는 사람들이 모두 축하한다.

【임신】 모든 것을 완벽하게 타고난 귀한 아들을 얻게 되는데 그로 인해서 가문에 빛이 크게 난다.

【건강】 병정(丙丁)일이 되면 능력이 있는 의사를 만나서 해결을 얻게 될 것이니 괜한 근심을 할 것 없다.

【농축】 봄에 낳아서 여름에 자라니 전답의 오곡이 풍년을 이루고 가축들도 무리를 이룬다.

【실물】 떠나간 물건도 다시 돌아오니 멀리에서 찾을 것도 없다. 반드시 다시 찾게 된다.

三十七　中吉　丁庚　　邵堯夫祝香

소강절이 항상 향을 태우며 축원한다.

焚香來告復何辭　善惡平分汝自知
屏却昧公心裏事　出門無礙是通時

【聖意】　訟和吉. 病禱安. 求財少. 問名難.
　　　　婚可合. 行人遣. 宜向善. 保團欒.

【東坡解】　作善降祥. 作惡降殃. 何必禱神. 當自揣量.
　　　　　公心莫昧. 勉爲善良. 前程遠大. 可保安康.

【碧仙註】　爾欲陷人而自陷. 欺心暗裡鬼神知.
　　　　　若能改善求天福. 轉禍爲祥事事宜.

【解曰】　此籤顯然說. 主人家人有害人之心. 而又受人之害. 若能悔過則吉. 訟宜和. 病祈福. 求財. 名利難. 婚可合. 只要心正. 無事不吉也.

【釋義】　人之爲善爲惡. 人雖不知. 己所獨知. 若使欺其不知. 而欲害之. 不惟不能害人. 抑反爲人防害. 不可不戒. 占者當公平正大. 不可暗昧欺人. 則凡事亨通. 而無阻滯. 大抵此籤戒人爲惡. 勉人爲善也.

【공명】 널리 음덕을 쌓으니 하늘이 스스로를 보호해 주어서 과거합격자 명단에 이름을 올린다.

【사업】 마음을 둔 근심의 뿌리는 좋은 것이 아니니 모두 날려버리고 마음을 편안하게 가져라.

【소송】 관청과 화합하니 마음대로 되지 않을 일이 없어서 서로 화해하면 가장 길하다.

【외출】 어디를 가더라도 주인과 객이 같은 마음으로 통하게 되어서 재물의 뿌리가 왕성하게 된다.

【결혼】 먼저는 근심하고 나중에는 즐거워하니 서둘지 말고 지키는 것이 가장 길하다.

【가족】 노인과 아이가 모두 편안하니 가정이 화합하고 문전에는 상서로운 기운이 감돈다.

【임신】 덕을 쌓은 가정이니 벼슬하는 아들을 얻게 되어서 가문이 영화를 누리게 된다.

【건강】 신을 향해서 기도하면 반드시 보살핌을 얻게 될 것이니 건강관리를 잘하면 된다.

【농축】 풍년이 되어서 언덕마다 곡식가리가 가득하다. 쌓아놓고도 남는 것은 남들에게 나눠 주어라.

【실물】 천천히 찾아보면 반드시 찾을 수가 있는 것이니 자연히 되돌아오게 된다.

三十八　下下　丁辛　孟姜女思夫

맹강녀가 장성에 끌려간 남편을 생각한다.

蛩吟唧唧守孤幃　千里懸懸望信歸
等得榮華公子到　秋冬括括雨霏霏

【聖意】　莫問財. 休鬪訟. 行未回. 病亦重.
　　　　婚無成. 多怪夢. 且禱神. 勿妄動.

【東坡解】　作事無聊. 空自惆悵. 蹤得好音. 依然悽愴.
　　　　謀望不遂. 心神徒喪. 家道未安. 禱神陰相.

【碧仙註】　不宜問事不宜行. 九日常憂十日驚.
　　　　一段榮華如一夢. 翻來覆去總無情.

【解曰】　此籤主有死亡之憂. 哭泣之哀. 訟休問. 病有險. 財莫求.
　　　　婚難成. 行人不至. 謀事凶多吉少. 秋冬占之大不吉. 縱
　　　　有虛喜. 終是大憂.

【釋義】　計出無聊. 獨守孤幃. 又聞秋聲唧唧. 能不惆悵耶. 千里
　　　　懸懸者. 目下謀爲不遂. 榮華公子到者. 亦是虛名而無實
　　　　事. 雨靡靡者. 言是非喪服之累. 喜未完. 憂纏之. 占者
　　　　大抵不吉. 秋冬尤宜謹之. 秋冬括括或作秋風括地.

【공명】 고민하고 궁리하지만 결국은 하나도 이뤄지는 것이 없으니 아예 새롭게 정리를 하라.

【사업】 본래는 매우 작은 이익은 있겠으나 오히려 잃을 것이 더 많으니 장차 조심하도록 하라.

【소송】 이 송사는 잘되지 않을 것이니 자신을 잘 지키는 것이 더 중요하다. 사건이 커지면 패한다.

【외출】 풍랑이 몰아쳐서 생명이 위태로우니 한 가지도 마음대로 되는 것이 없다. 쉬는 것이 좋다.

【결혼】 괜히 마음만 쓰느라고 낭비하게 된다. 사기결혼의 조짐도 있으니 주의해서 조심하라.

【가족】 집안에 생기가 없고 문은 닫혀있고 쥐 죽은 듯이 고요하니 온 가족이 모두 눈치만 본다.

【임신】 얽히고설킨 원한으로 인해서 아이가 태어날 수도 있으니 다음을 기약하느니만 못하다.

【건강】 수명에 용과 뱀이 침범을 하여 약을 쓴다고 해도 효력이 없을 것이니 미리 준비하라.

【농축】 운명이 돕지를 않으니 오곡백과가 모두 시들게 되고 가뭄과 홍수의 재난이 연이어 발생한다.

【실물】 조금의 손실이 일어나는 것은 당연하다고 하겠으니 다시 잃지 않도록 방지하는 것이 옳다.

三十九 　中平　丁壬　　陶淵明賞菊

고향에 돌아간 도연명이 국화를 감상한다.

北山門下好安居　若問終時愼厥初
堪笑包藏許多事　鱗鴻雖便莫修書

【聖意】病擇醫. 訟宜解. 求財無. 圖名无.
　　　　婚宜審. 行須待. 謹修爲. 過必改.

【東坡解】靜處安身. 不堪比匪. 欲保終吉. 作事謹始.
　　　　　無感人言. 切防害己. 勿輕傳信. 暗中有鬼.

【碧仙註】好把工夫作吉鎡. 有時暗地結姻緣.
　　　　　對面好談心曲事. 莫將隱奧與人傳.

【解曰】此籤只宜守舊. 不可妄想. 謀望遲遲. 且待時至. 還須退步. 方得安寧. 病擇醫. 訟宜解. 求財無. 婚宜審. 行人阻. 謹愼修爲. 庶幾得以長保.

【釋義】戒人安身靜處. 愼擇交游. 防閑詐僞. 言他人包藏禍心. 久欲中我. 我則付之一笑. 但當作事謀始. 謹愼修爲. 勿囂囂口舌. 以招禍非. 莫修書言欺詐之不可爲也. 處訟宜和. 求財以信. 有病者不保守. 則死亡必至. 末句或作好修書欠妥.

【공명】 부귀는 하늘에서 내는 것인데 혼자서 고민하고 궁리한다고 답이 나오나? 빨리 바꿔보라.

【사업】 급류에 휘말리지 말고 과감하게 벗어나야 나중에 후회하는 것을 면하게 될 것이다.

【소송】 스스로 선량하지 않으면서 남들에게 그렇게 되라고 하는 것은 자신의 허물만 가중된다.

【외출】 아마도 움직이면 그만큼 더 큰 후회를 하게 될 것이다. 얼른 집에 돌아가서 쉬는 것이 좋다.

【결혼】 하는 일마다 가시밭의 길이라고 하겠는데 배필을 어찌 만나겠는가? 다음 기회를 봐라.

【가족】 집안의 가족들이 이미 화합하지 못하면 그 재앙의 뿌리가 되는 것이니 화합이 급하다.

【임신】 절대로 초조하게 기다리는 것은 안 된다. 때가 되면 꽃은 필 것이니 때를 기다려라.

【건강】 진실한 마음으로 기도하면 혹 신의 가호를 받을 수도 있을 것이니 그 다음에 의사를 바꿔라.

【농축】 하늘의 일기가 고르지 않으니 너무 춥거나 더워서 농작물과 가축들이 모두 기력을 잃는다.

【실물】 자신의 물건을 잃어버리는 것도 운명이므로 그러려니 하고 앞으로나 조심하도록 한다.

四十　上吉　丁癸　漢光武陷昆陽

광무가 곤양에서 적을 대파하고 왕이 된다.

新來換得好規模　何用隨他步與趨
兄聽耳邊消息到　崎嶇歷盡見亨衢

【聖意】 名終成. 訟得勝. 孕生男. 保無病.
行人回. 婚宜定. 事須遲. 有餘慶.

【東坡解】 謀望更改. 修爲儘好. 何必依人. 自可達到.
須歷艱難. 必獲好報. 平步青霄. 榮捧恩詔.

【碧仙註】 好把工夫改換般. 門庭增喜轉眉攢.
文書到手皆成就. 宜訟宜婚病亦安.

【解曰】 此籤謀望更變儘好. 莫聽人言閑是閑非. 何必依人. 自可
遠到. 名後成. 訟得勝. 孕生子. 保無病. 行人回. 婚宜定.
凡事宜. 遲必有餘慶也.

【釋義】 百事規模多. 主更變. 名利遲遲. 若能歷涉艱難. 必獲薦
拔. 平步青霄. 榮捧恩詔. 以處順境. 占者只宜守己. 不
可隨人是非. 以招禍患. 始孕生女. 次孕生男. 自用則吉.
用人則凶.

【공명】 관운이 이미 통달하였으면 이름을 얻는 것은 시간문제이니 장관이나 시장이 될 조짐이다.

【사업】 곳곳마다 재물의 싹이 자라고 있는데 봄날이 되면 더욱 좋아지니 다양하게 방향을 찾아라.

【소송】 귀한 사람이 좋은 판결이 나도록 나에게 최선의 협력을 하고 있으니 반드시 좋은 결과가 있다.

【외출】 이번에 길을 가게 되면 마음대로 비단 옷을 입고 돌아올 수가 있을 것이니 큰 수확이 있다.

【결혼】 혼인이 잘 이뤄질 뿐만 아니라 또 아름다운 삶의 풍경도 나타나니 행복한 나날이 된다.

【가족】 가문의 기운이 왕성하여 온 가족이 화합하는 시기이니 나무에 꽃이 활짝 피는 것과 같다.

【임신】 문틈에 좋은 기운이 넘쳐나서 경사가 비치고 있으니 아들을 잉태하여 순산하게 된다.

【건강】 묵은 질병이라고 하더라도 점차로 호전되어서 봄을 만나게 되면 마침내 치유가 된다.

【농축】 농산물과 축산물이 모두 왕성하게 번식하여 큰 재물을 얻을 수가 있으니 잘 관리하라.

【실물】 조금만 조심해도 내 물건을 잃을 까닭이 없으니 다시 잃지 않도록 조심하라.

| 四十一 | 上吉 | 戊甲 | 劉文龍求官 |

유문룡이 벼슬하여 왕소군을 수행한다.

自南自北自東西　欲到天涯誰作梯
遇鼠逢牛三弄笛　好將名姓榜頭題

【聖意】　訟無定. 終有遇. 病多憂. 擇醫愈.
　　　　信卽到. 婚終好. 凡所謀. 愼勿躁.

【東坡解】若求名利. 先難後有. 白日靑雲. 必在子丑.
　　　　聲譽顯赫. 題名榜首. 百事亨通. 顯然有後.

【碧仙註】歷涉艱難. 求謀未遂.
　　　　富貴榮華. 顯達在後.

【解曰】　此籤妄意. 事務皆無定準. 須緩求之. 方有成就. 訟必反
　　　　覆. 婚有三變之說. 遇子丑日. 或姓蕭之人方可. 功名.
　　　　初年難. 望病多變. 信能到. 婚姻好. 名利得. 必待子丑
　　　　年月. 方得顯達也.

【釋義】　人生志在四方. 欲到天涯. 不得人指引. 靠人無力. 前程
　　　　有阻. 遇鼠逢牛三弄笛者. 謂子丑年月日自有貴人拔擢.
　　　　聲譽洋溢. 名登金榜矣. 問婚姻. 得葛姓之力. 占病有死
　　　　之兆. 凡事守之. 必遇子丑二字方遂. 此籤大抵始難終易.

【공명】 선량한 마음으로 힘써 노력하니 반드시 귀한 인연을 만나서 출세하고 이름을 얻게 된다.

【사업】 운이 좋은 가운데에서도 특히 봄날이 더욱 좋으니 주의해야 할 것은 낭비하지 않는 것이다.

【소송】 무슨 일이 생겨도 귀인을 만나게 되어 험한 풍파라도 자연 해소되고 뜻을 이루게 된다.

【외출】 문 밖으로 나가도 편안하고 항상 귀한 인연들을 만나서 뜻하는 것이 모두 잘 이뤄지게 된다.

【결혼】 결혼하여 가정을 이루는데 특히 가을에 길하며 아름답고 좋은 인연을 만나게 된다.

【가족】 온 가족이 모두 선행을 실천하고 있으니 마음은 온화하고 가정에는 밝은 빛이 넘쳐난다.

【임신】 검소하게 조심하고 사치하지 말라. 꿈에 곰이 보이고서 세상을 바꿀 귀한 인물이 태어난다.

【건강】 마음을 다해서 건강을 관리하면 병은 스스로 자연스럽게 나아져서 완전하게 치유가 된다.

【농축】 봄이나 겨울에는 풍경도 더욱 좋으니 이익을 남겨서 즐거운 나날이 이어지게 된다.

【실물】 서쪽을 향해서 찾으면 당연히 찾을 수가 있는 것이니 다음에는 더욱 조심하여 관리하라.

四十二 　中吉　戊乙　　董永賣身

효자 동영이 몸을 팔아 부친을 장사지낸다.

我曾許汝事和諧　誰料修爲汝自乖
但改新圖莫依舊　營謀應得稱心懷

【聖意】　病更醫. 訟改圖. 名與利. 換規模.
　　　　婚別議. 行人遲. 謹修爲. 神力持.

【東坡解】　神許和合. 自乖所爲. 急須更變. 方得其宜.
　　　　　心行正直. 無好自欺. 若能悔過. 天必相之.

【碧仙註】　只好從新莫依舊. 自然百事稱心神.
　　　　　莫愁中路無成就. 當遇舟航涉利津.

【解曰】　此籤宜更改. 問婚當有再合之意. 訟宜和. 利吉. 孕生男. 求利改圖方好. 病更醫. 功名未遂. 凡事更改方稱意.

【釋義】　凡事只當遷改. 不可蹈襲故常. 積弊至蠹. 名利未遂. 若因改圖. 庶幾提攜. 有人向之. 自乖者今得寧矣. 營謀或作榮華未妥.

【공명】 절묘한 기회에 공명을 이룰 기회가 주어지고 그로 인해서 영광스러운 이름을 얻게 된다.

【사업】 고심하여 경영하던 사업이 반드시 큰 이익을 남기게 될 것이니 지켜가면서 키워가도록 하라.

【소송】 복덕의 별이 높이 빛나고 있으니 향하는 곳마다 이익을 얻고 마음과 같은 성취가 된다.

【외출】 겨울이 가고 봄을 만나게 되면 움직이는 대로 길함이 증가하여 다른 사람들과 함께 온다.

【결혼】 신선이 사는 계곡에 있는 사람과는 연분이 닿지 않으니 다음에 다시 생각해 보도록 하라.

【가족】 화평한 것이 최상의 복이거니와 봄빛이 문전에 가득하니 노랫소리가 끊이지 않는다.

【임신】 좋은 아들을 얻었으니 처음에는 도를 닦다가 나중에는 부모에게 효도하는 자식이다.

【건강】 일생을 좋은 일만 하고 살았으니 질병도 자연히 사라지게 되어 회춘의 날이 다가온다.

【농축】 봄이나 여름에는 무난하지만 가을과 겨울에는 더욱 아름다워서 알찬 결실을 거두게 된다.

【실물】 운이 밝게 나타나고 있으니 흉할 일이 없겠고 다음에도 손실이 없도록 잘 방비하라.

四十三　中吉　戊丙　玄德黃鶴樓赴宴

유비가 위험한 황학루에서 잔치를 베푼다.

一紙官書火急催　扁舟速下浪如雷
雖然目下多驚險　保汝平安去復回

【聖意】　功名遂. 子嗣歡. 訟病險. 終必安.
　　　　失物在. 行人還. 婚宜遠. 利不難.

【東坡解】　官書火急. 激聒之兆. 目下雖驚. 終無紛擾.
　　　　有神陰扶. 收功談笑. 來往平安. 吉星高照.

【碧仙註】　先驚未是驚. 後喜方爲喜.
　　　　若問謀事多. 連綿無定止.

【解曰】　此籤先凶後吉者. 謀望終有好處. 病者虛險. 自然解散.
　　　　大事成. 求官遂. 問訟好. 婚姻不難. 失物還. 行人至. 凡事大吉.

【釋義】　火急催者. 王有激聒. 是非占者. 目下驚恐. 到後無事.
　　　　新病易廖. 久病難保. 凶事化吉. 大事變小. 求名利者.
　　　　有疾病是非之累. 方應其占. 而得選舉. 否則難遂. 回字
　　　　或作來字.

【공명】 이익을 보면 앞으로 나아가다가 급류를 만나면 뒤로 물러나니 해로울 일이 없다.

【사업】 운이 안정의 시기로 접어들고 있으니 앞으로 나아가는 걸음을 멈추고 근신하고 낭비를 말라.

【소송】 한 걸음만 뒤로 물러나면 아무런 근심이 없을 것인데 다시 싸울 일인들 있겠는가?

【외출】 운명이 아름다운 방향으로 흐르고 있으니 구름과 바람이 만난 형국이라 노력하면 얻는다.

【결혼】 일이라는 것은 반복이 되는 것이니 아마도 약간의 손실이 있을 것이지만 마침내 이뤄진다.

【가족】 가운은 평탄하여 큰 굴곡이 없으며 안정적으로 진행이 되므로 순탄하게 흘러간다.

【임신】 처음에는 딸을 낳고 다음에는 아들을 얻으니 적덕을 한 집안이라 크게 편안한 나날이다.

【건강】 마음을 기울여서 고민하고 아마도 위험하지 않을까 걱정하지만 마침내 편안하다.

【농축】 봄이나 여름에도 자못 좋은 시절이지만 9월에는 더욱 수확이 큰 시기이니 부지런히 노력하라.

【실물】 걸음걸음마다 조심하는 것이 옳으니 그렇게 하면 큰 피해를 막을 것이며 물건도 돌아온다.

| 四十四 | 中吉 | 戊丁 | 王莽篡漢 |

왕망이 계략으로 한을 침탈하여 신을 세운다.

汝是人中最吉人　誤爲誤作損精神
堅牢一念酬香願　富貴榮華萃汝身

【聖意】　事多錯. 訟莫作. 病禱神. 且勿藥.
　　　　　婚莫求. 行未還. 能自悔. 利名全.

【東坡解】　心行平等. 反誤爲非. 急宜改過. 切莫自欺.
　　　　　　盡誠作福. 神必佑之. 榮華富貴. 付汝非遲.

【碧仙註】　萬事皆從忙裏錯. 但將心地細思量.
　　　　　　若能謹守無他望. 可保終身大吉昌.

【解曰】　此籤防有橫逆事. 若能改過. 則吉. 凡事且也不宜躁進.
　　　　　訟莫作. 利未有. 婚莫求. 病禱神. 行人未歸. 悔過名利
　　　　　雙全也.

【釋義】　吉人善人也. 言人雖善. 作事狂謬. 所輔非人. 作爲皆誤.
　　　　　但能堅心向善. 謹而行之. 則富貴可得. 終身榮華矣. 占
　　　　　者不宜欺妄輕躁. 先自知戒. 可免其悔. 求財無利. 求名
　　　　　未亨. 萃字或作在字.

【공명】 앞길이 험난하니 돌파하는 방법은 덕을 쌓는 것이 으뜸이라 반드시 전환의 계기가 있을 것이다.

【사업】 혼자서 잘하려고 할 것이 아니라 스스로 안정을 취하는 것이 중요하니 고심을 하라.

【소송】 귀인을 만나게 될 것이니 편안함을 얻도록 노력할 일이지 일을 복잡하게 만들면 고생한다.

【외출】 길을 잃고서 편안하길 바라는가? 이미 험지에 와 있으니 반드시 행하는 것을 멈추라.

【결혼】 일에서도 막힘이 많은데 운명에서도 어렵다고 나오게 되니 그대로 추진하는 것은 힘들다.

【가족】 가족들이 구설에 휩싸이게 되니 아마도 재앙의 별이 비치고 있을 것이므로 속히 중지하라.

【임신】 아무래도 풍파가 한 번은 지나가고 나서야 좋은 시절을 기대할 수 있으니 수신제가 하라.

【건강】 신령께 지극한 정성으로 기도를 하면 반드시 건강할 전기가 되니 거듭 마음을 잘 다스려라.

【농축】 운명의 길이 불량하니 반드시 번뇌가 많을 조짐이라 방향을 바꿔서 새로운 길을 모색하라.

【실물】 조심해서 지나온 길을 잘 살펴보면 잃어버리는 것은 면할 수도 있겠으니 거듭 잘 찾아봐라.

| 四十五 | 中吉 | 戊戊 | 高祖遇丁公 |

유방이 위기에서 정공을 만나 생명을 구했다.

好將心地力耕耘　彼此山頭總是墳
陰地不如心地好　修爲到底却輸君

【聖意】　心地好. 地亦美. 病卽安. 訟得理.
　　　　財勿求. 且守己. 行人至. 終有喜.

【東坡解】　好修心地. 莫用他求. 但依本分. 可獲天庥.
　　　　勿與人競. 福力自優. 子孫之慶. 皆善之由.

【碧仙註】　人己初來用意同. 好將心地問天公.
　　　　若還戲却分毫理. 萬事教君吉又凶.

【解曰】　此籤不可妄求. 但依本分. 方得天之庥庇. 問地利. 不宜
　　　　遷改. 行人必至. 病則安. 求財無. 且宜守舊. 訟必凶. 宜
　　　　和息. 凡事只宜修積善心. 庶免災禍也.

【釋義】　人之名勢凌逼. 我固不能勝彼. 然不可處之太驟. 惟務
　　　　修爲. 天必佑之. 而使輸於我. 所謂却輸君也. 占者貨財
　　　　生殖. 但當守舊. 不可妄爲. 功名在後. 方得榮華. 風水
　　　　不宜更改. 雖好無益. 終不如心地好也. 凡事不可爭長競
　　　　短. 但修爲以待之.

【공명】 어찌 화려한 사치를 꿈꾸는가? 당장 한 몸을 지키는 것도 급급하니 멀리 내다보지 말라.

【사업】 이익이 다 무엇인가? 오로지 일신의 현재 상황을 유지하는 것이 최선이라 그대로 지켜라.

【소송】 모름지기 급하게 서둘 것이 없나니 느긋하게 지키면서 일을 키우지 않으면 나쁘지 않다.

【외출】 봄이나 여름에는 좋을 것이 적지만 가을과 겨울에는 오히려 길하니 반드시 이익이 있다.

【결혼】 맑고 담백한 것이 으뜸이고 급하게 서두르는 것은 좋을 것이 없으니 적당한 선에서 중지하라.

【가족】 여름에는 작은 재앙이 있으니 힘써 방지하라 가을이 되면 순조롭게 될 것이니 발전하게 된다.

【임신】 인내심으로 마음을 닦아가노라면 복이 쌓이고 좋은 일이 생기게 되어서 옥동자를 만나리라.

【건강】 온 마음을 다 기울여서 건강을 돌봐야 한다. 그리하면 점차로 좋아져서 건강하게 된다.

【농축】 가을 전에는 좋을 일이 별로 없겠지만 가을 이후에는 모든 것이 순조로워서 저축을 한다.

【실물】 당징 눈앞에서는 사라진 물건이지만 마침내 돌아오게 될 것이니 인내심으로 기다려라.

| 四十六 | 中平 | 戊己 | 馬伏波征蠻 |

마복파 장군이 오랑캐를 정벌한다.

君是山中萬戶侯　信知騎馬勝騎牛
今朝馬上看山色　爭似騎牛得自由

【聖意】　名與利. 皆不濟. 訟莫興. 多阻滯.
　　　　行人遲. 婚莫許. 謹踐修. 當靜處.

【東坡解】　本自富貴. 己勝常人. 愈有愈貪. 禍及自身.
　　　　　宜依本分. 當享平和. 勸君靜守. 可免災罹.

【碧仙註】　要作惺惺成懞憧. 誰知懞憧勝惺惺.
　　　　　多生巧計須成拙. 守己方纔事有成.

【解曰】　此籤宜守舊. 不可妄作. 遠行必有阻滯. 訟必凶. 病多險.
　　　　婚兩平. 有是非. 名利休問. 凡事不好. 但安分方亨榮華.
　　　　許君靜處安身. 可免災禍.

【釋義】　萬戶侯. 富貴人也. 神言君固勝乎常人也. 今朝馬上看山
　　　　色. 亦只當如是. 反涉險道心. 多悒鬱. 爭似騎牛得自由.
　　　　不如安分守舊. 則是非莫及. 寵辱不驚. 享清修之福. 名
　　　　利婚姻諸事. 交午字上可. 丑字上大利.

【공명】 먼저는 곤란하고 나중에는 순탄하니 수양하면서 고통을 달게 여기고 노력하면 좋아진다.

【사업】 자신을 지키노라면 남들로부터 의심 사는 일들을 벗어 날 수 있고 공평하게 교역이 된다.

【소송】 스스로 그 마음에 물어보라 바야흐로 허물이 사라질 것이니 이치에 합당하면 좋게 풀린다.

【외출】 지금 나간다면 아마도 돌아오기 어려울 정도로 험한 길이므로 집에 있느니만 못하겠다.

【결혼】 병중에 위험한데 복을 지어야만 편안하게 될 것을 잘 알아서 서두르지 말고 기다려라.

【가족】 비록 조그만 장애는 있겠지만 큰 어려움은 없을 것이니 오직 가족이 화목하도록 노력하라.

【임신】 몸과 마음을 잘 닦은 다음에 과거의 허물을 참회하면 스스로 좋은 종자를 얻게 될 것이다.

【건강】 일이 복잡하여 불안하기는 하지만 망녕되이 생각하지 말고 배필을 바꾸지는 말아라.

【농축】 지금의 시기는 이익이 없지만 오히려 작은 재앙을 방지하라 내년 봄에 좋은 풍경이 있나니.

【실물】 매사에 조심하고 곳곳마다 방비하는 마음으로 준비하면 바야흐로 구렁텅이는 면하리라.

四十七	中平	戊庚	楚漢爭鋒
	항우와 유방이 칼끝을 겨누고 다툰다.		

與君萬語復千言　祇欲平和雪爾冤
訟則終凶君記取　試於清夜把心捫

【聖意】　訟莫興. 恐遭刑. 財莫貪. 病未寧.
　　　　　行有阻. 婚難成. 且循理. 保和平.

【東坡解】　訟則終凶. 不必多說. 若得和平. 舊冤可雪.
　　　　　凡所謀望. 皆當謹節. 反求諸己. 禍端自滅.

【碧仙註】　心地好時身自吉. 何須巧計去纘天.
　　　　　勸君靜處勤修省. 禍及身來不可損.

【解曰】　此籤不可妄意. 切莫貪求. 但要和平. 冤自可雪. 謀事有
　　　　反覆. 婚難成. 久而後成. 財莫貪. 疾未安. 訟必凶. 若有
　　　　害人之意. 反成殃也.

【釋義】　戒人不可興訟. 訟則終凶. 不可成也. 若能自處和平. 則
　　　　禍端自絕. 冤抑可雪. 占者凡事不可貪取. 晝之所爲. 有
　　　　一毫不善. 清夜間. 鬼神森列. 雖不以爲禍. 而禍自生矣.
　　　　(豈)不戒哉.

【공명】 소년시절에는 비록 지지부진하지만 늘그막에는 영화로운 풍경이니 모쪼록 부지런히 노력하라.

【사업】 분수를 지켜서 경영해야지 괜히 허영심으로 무리수를 두게 되면 큰 낭패를 보게 될 것이다.

【소송】 운명에 관재수가 있으니 마음에 부끄러운 점이 있을 것이다. 아마도 그냥 넘어가진 못할 듯.

【외출】 겨울이 지난 다음에서야 비로소 안정이 될 것이니 이익은 그 다음에 빨리 돌아오겠다.

【결혼】 가문을 지키면서 혼사는 서두르지 말도록 하라. 지금 인연이 되면 온갖 어려움이 생겨난다.

【가족】 무사하게 진행이 되는 시기이며 복이 저절로 다가올 것이니 잘 다스려서 관리하라.

【임신】 자식을 얻고자 하는 마음이라면 반드시 먼저 그 마음에 공덕을 닦고 나서 희망을 가져라.

【건강】 당장의 상태는 상당히 나빠 보이지만 지극정성으로 기도를 하게 되면 전환되어 안정을 얻는다.

【농축】 봄과 여름에는 무난하고 겨울이 되면 가을보다도 더 좋으니 많은 계획을 세워보는 것도 좋다.

【실물】 모름지기 잃은 물건은 찾으려고 하지 않는 것이 현명하다. 어두운 곳에서 서서히 드러난다.

四十八　中吉　戊辛　趙五娘尋夫

현처 조오랑이 남편을 찾아 행복하게 된다.

登山涉水正天寒　兄弟姻親那得安
不遇虎頭人一喚　全家遂保汝重歡

【聖意】　遇貴者. 訟和平. 病驚險. 莫求名.
　　　　 財物耗. 婚宜停. 逢寅字. 事漸亨.

【東坡解】 歷涉艱難. 時運輒左. 家道不齊. 事多坎坷.
　　　　 遇富貴人. 提挈方可. 倘無所濟. 難逃後禍.

【碧仙註】 先難後易本天然. 只恐勞心事不全.
　　　　 若得貴人提挈處. 管教騎鶴與腰纏.

【解曰】　此籤家道不安. 須防人口舌. 怨恨臨門(怨恨本作孝眼. 意不明).
　　　　 財有失. 逢貴人提挈方保. 漸亨不成. 多口舌. 問婚訟平. 病有
　　　　 驚. 財物耗散. 名利空虛. 只宜守舊. 不利遠行. 防親人侵損也.

【釋義】　登山涉水. 謂艱難也. 姻親那得安. 謂舉家多坎坷也. 虎
　　　　 頭. 謂盧虞之姓. 或云虎頭顧愷小字. 得此三姓提挈. 名
　　　　 利方遂. 保汝重歡. 謂失而復得. 漸入佳景也. 功名. 目
　　　　 下有阻. 後方顯達. 婚姻主妯娌乖張. 家宅主兄弟分散.
　　　　 訟有驚. 財有耗. 守舊則害可免.

【공명】 공명을 얻고자 한다면 먼저 열심히 노력을 한 다음에서야 비로소 희망을 얻을 수 있다.

【사업】 마음을 모아서 뜻을 이루기 위해서 오랜 시간을 노력하고 저축을 한 다음에 가능하다.

【소송】 다음 봄이 되도록 기다렸다가 아름다운 소리가 들리거든 비로소 화해를 함이 길하다.

【외출】 흐르는 물에 배를 띄우고 봄날의 호수를 순행하여 수확을 얻은 다음에 귀가한다.

【결혼】 이 인연은 올바른 짝이 아니니 강제로 결혼을 하고자 하더라도 이뤄지기 어렵다.

【가족】 가족들의 신경이 예민하니 시간을 기다려서 안정을 얻도록 하면 마침내 편안한 가정이 된다.

【임신】 자식을 얻어 대를 잇고자 한다면 얼른 서둘러서 공덕과 덕행을 닦으면 반드시 경사가 있다.

【건강】 병세는 매우 위중하지만 진심으로 조절하고 보양하면 반드시 호전이 되어서 건강하게 된다.

【농축】 옛것을 버리고 새로운 방향으로 도모하라. 많은 수확을 거둘 수가 있을 것이다.

【실물】 작은 물건도 조심해서 지켜야만 실물을 하지 않는데 이것은 스스로 조심하는 수밖에 없다.

| 四十九 | 下下 | 戊壬 | 張子房遁跡 |

운이 다한 장자방이 송림으로 자취를 감춘다.

彼此家居只一山　如何似隔鬼門關
日月如梭人易老　許多勞碌不如閒

【聖意】　名利阻. 且休問. 訟宜和. 病有願.
　　　　婚姻遲. 行人遠. 欲獲吉. 且安分.

【東坡解】　安閑易處. 出門有阻. 時迍易過. 枉自勞苦.
　　　　　且宜守舊. 隨分而處. 運未亨通. 不宜進取.

【碧仙註】　寄跡相親心不親. 如何要作契深人.
　　　　　謀爲動作皆無定. 只恐虛名不得在.

【解曰】　此籤事有阻滯. 且隨緣分. 切莫貪求. 訟宜和. 病有祟.
　　　　名利阻. 問婚不和. 家宅有難. 陰人有災. 凡事防凶人中
　　　　途侵害也.

【釋義】　彼此家居內外. 一般也. 兩山成出. 只有一山似隔鬼門關.
　　　　有阻礙不得出也. 日月如梭. 易催人老. 勞碌無成. 不如
　　　　閒坐也. 名利皆迍. 隨時修爲. 俟其自通. 方可進取. 婚
　　　　姻不成. 家宅主陰人謀害. 行人至途中侵損. 切宜謹防.
　　　　占者凡事守舊. 爲上策.

【공명】 괜히 벼슬을 하려고 애를 쓸 필요도 없으니 그대는 이 방면으로 인연이 없기 때문이다.

【사업】 모든 사업이 마음대로 되지 않을 불운의 시기이니 잘 하더라도 마음대로 되지 않을 것이다.

【소송】 양쪽에서 모두 양보를 할 마음이 없으니 서로 똑 같은 형국이라 그만 싸우고 물러남이 옳다.

【외출】 위태위태한 상황에서 험난한 지역을 돌아다녀봐야 문을 걸어놓고 쉬는 것만 못하다.

【결혼】 급하게 한다고 되는 것이 아니니 조바심을 버리고 느긋하게 추진하면 혹 희망이 있을 수도 있다.

【가족】 가족에게 재앙의 조짐이 보이니 내가 몸을 잘 다스리고 공덕을 쌓아야 피할 수 있다.

【임신】 자식을 구하려고 노력하지 말고 자신부터 돌보고 그 다음에 자식을 찾는 것이 순서이다.

【건강】 지극정성으로 기도를 하면 스스로 새로운 인연으로 변화시켜서 편안하게 될 수도 있다.

【농축】 명과 운이 일치하지를 않으니 큰 재물을 얻기에는 적당하지 않으므로 그만 쉬는 것이 옳다.

【실물】 스스로 조심히지 않은 고로 잃어버린 물건은 그만 잊어버리고 추가로 잃지나 않도록 하라.

| 五十 | 上吉 | 戊癸 | 蘇東坡勸民 |

백성에게 쌀을 비싸게 팔기를 권했다.

人說今年勝舊年　也須步多要周旋
一家和氣多生福　婆菲讒言莫聽偏

【聖意】 出入吉. 財物多. 孕可保. 病卽瘥.
婚必成. 訟宜和. 問行人. 奏凱歌.

【東坡解】 謀望勝先. 進取攸利. 人事周密. 禍消福至.
勿信讒言. 惶惑思慮. 愼終如始. 切莫猶豫.

【碧仙註】 此心有主何憂懼. 須管今番勝舊番.
婦人言語君休聽. 家道興衰在此間.

【解曰】 此籤大吉. 富貴榮華. 門庭興旺. 見喜添丁. 但謀事要和
合. 莫信讒言. 只宜保守. 方得安樂. 出入吉. 財可求. 婚
可結. 行人至. 病得痊. 訟宜和. 百事亨泰也.

【釋義】 功名未遂. 若謀爲他事. 今春頗勝. 如不能周旋. 亦只
是去年榜樣也. 周旋謂進步. 要愼審的. 蓋作事須要周旋
也. 卜者. 得之人事. 能周旋. 則一家之內. 禍災消滅. 和
氣自生矣. 莫聽偏者. 戒人不可聽信讒言. 以致惶惑也.

【공명】 오랫동안 공부하고 준비를 한 것이 한 순간에 큰 영광을 얻어서 명예로운 이름을 남긴다.

【사업】 길을 가는대로 이익이 따라오게 되어서 반드시 큰 재물을 얻어 부자가 된다.

【소송】 귀인을 만나서 큰 힘이 되어주니 위험한 곳에 처하더라도 힘들이지 않고 벗어날 수 있다.

【외출】 차를 타고 문을 나섰는데 동남쪽으로 방향을 잡아서 큰 이익을 얻은 다음에 귀가한다.

【결혼】 물과 불이 조화를 이뤄서 두 연분이 하나가 되니 백년 동안 해로하여 백자천손 한다.

【가족】 어른과 아이가 모두 편안하고 화락하니 가세가 나날이 발전하고 기쁜 일이 줄을 잇는다.

【임신】 선행을 쌓고 공을 이뤘으니 귀한 아들을 얻어서 부귀가 함께 따르게 되어 가문을 일으킨다.

【건강】 원기를 조절하여 기운을 돋우고 마음을 편히 하여 장수를 하게 되니 아무런 근심이 없다.

【농축】 때에 따라서 부지런히 일을 하여 스스로 능히 부유함을 누리게 되니 시간이 아까울 뿐이다.

【실물】 동쪽으로 갔다가 다시 남향으로 돌렸는데 힘써서 찾으면 만날 수가 있으니 돌아온다.

五十一　上吉　己甲　御溝流紅葉

대궐의 도랑으로 시를 적은 홍엽이 흐른다.

君今百事且隨緣　水到渠成聽自然
莫嘆年來不如意　喜逢新運稱心田

【聖意】　名漸顯. 訟漸寬. 財自裕. 病自安.
　　　　行有信. 婚可定. 命漸亨. 心必稱.

【東坡解】　目下謀望. 且隨緣分. 一朝榮達. 身顯如願.
　　　　休自嗟怨. 待時遷變. 漸遇亨通. 好事疊見.

【碧仙註】　一生勞碌不曾閒. 也是心緣倍累關.
　　　　漸遇亨通有生意. 後來容易嘆先難.

【解曰】　此籤好事重重. 名利漸達. 財緩發. 婚可定. 行人有信.
　　　　病漸安. 訟得理. 時運亨泰. 孕生貴子. 風水合利. 自有
　　　　稱心之望也.

【釋義】　目下功名謀爲. 多不如意. 且隨分而行. 所謂莫歎不如意.
　　　　以後來極容易者也. 直須交運眼. 或交節候. 自然漸亨.
　　　　重重好事. 稱吾心田. 占此大抵先否後泰.

【공명】 정다운 친구가 보호하면서 지켜주니 한 순간에 이름을 얻고 문장으로 세상에 알리게 된다.

【사업】 재물의 길운이 점차로 다가오고 있으니 마음을 모아서 가을에는 더욱 큰 성취가 있겠다.

【소송】 귀인이 도와주고 있으니 하는 일마다 순조로운데 화해함이 가장 현명하다.

【외출】 어디로든 움직이면 이익이 나타나니 재운이 대단히 왕성한 때라서 반드시 큰 수확이 있다.

【결혼】 부처에게 정성을 들이고 날을 가려서 불공을 하면 또 늦으나마 귀한 인연을 만난다.

【가족】 가족이 모두 평안한데 무슨 근심을 할 필요가 있겠는가. 집안에 상서로운 기운이 가득하다.

【임신】 하늘에서 귀한 아들을 보냈으니 문전에 광채가 사방으로 뻗어가고 복록을 누리게 된다.

【건강】 방이든 집이든 모두 좋으니 자손이 계속해서 번창하여 반드시 백수를 누리게 된다.

【농축】 봄과 여름에는 보통이지만 가을과 겨울에는 이익이 크게 발생하여 저축이 가능하다.

【실물】 한 빈 떠났다가 다시 돌아오니 잃고서 얻는 것은 더욱 즐거운 일이라고 하게 된다.

五十二	上吉	己乙	匡衡夜讀書
			광형이 밤낮으로 쉬지 않고 글을 읽는다.

兀坐幽居歎寂廖　孤燈掩映度清宵
萬金忽報秋光好　活計扁舟渡北朝

【聖意】　名晚成. 利遲得. 病漸安. 訟終息.
　　　　孕無驚. 婚姻吉. 行人回. 事勝昔.

【東坡解】　席珍待聘. 休嗟未遇. 忽際明時. 靑雲得路.
　　　　好音一來. 得意高步. 凡事必得. 皆有佳趣.

【碧仙註】　險阻之間却似流. 此心憂處不成憂.
　　　　文書得力消多少. 自有容顏作話頭.

【解曰】　此籤有文書之喜. 謀事先難後易. 先憂後喜. 圖名必高.
　　　　求財必(得). 婚姻吉. 行人回. 訟者勝. 病漸安. 功名有
　　　　望. 百事皆吉.

【釋義】　士人時運未至. 但當兀坐靑燈黃卷之間. 養晦待時. 不可
　　　　妄動. 科舉時秋光正好. 杜詩云家書抵萬金. 秋光之好亦
　　　　抵萬金. 活計一作決許. 渡北朝者. 決許其高掇科頭. 北
　　　　面事君也. 凡事先難後易. 有文書詔赦之喜. 財物穀粟.
　　　　至秋盈溢. 蓋秋主金旺也.

【공명】 하늘에서 부귀를 내고 영화는 스스로 노력하여 얻게 되니 다시 선행으로 마음을 닦는다.

【사업】 경영하는 사업이 순조롭게 이익을 남기고 재물을 얻음에 다시 경사가 겹치니 마음이 즐겁다.

【소송】 길인이 협조하고 양이 길어지면서 음이 짧아지니 반드시 법원의 마음이 나와 부합한다.

【외출】 문을 나가면 모두가 이익이 되어서 배에 가득가득 싣고서 돌아오니 이익이 자못 크다.

【결혼】 남편은 영예롭고 자식은 귀하게 되니 일생이 형통하여 모두가 경사로다.

【가족】 집안에 경사스러운 기운이 넘쳐나고 사람들은 모두 화평하여 상서로운 기운이 뜰에 넘친다.

【임신】 편안하게 잘 자라주니 기르기도 쉽고 신과 부처에게 기도하니 연달아서 두 아들을 얻는다.

【건강】 복성이 하늘에 높게 비치고 재앙은 스스로 소멸되어 버리니 음식만 잘 먹으면 건강해진다.

【농축】 전답의 농사는 풍요롭고 가축도 모두 잘 자라고 있으니 올해의 이익은 매우 크게 남을 것이다.

【실물】 우연히 소홀하게 잃어버렸지만 큰 손실은 아니다 다음에나 잃지 않도록 주의하라.

五十三　下下　己丙　劉玄德入贅孫權妹
유비가 손권의 데릴사위로 들어간다.

艱難險阻路蹊蹺　南鳥孤飛依北巢
今日貴人曾識面　相逢却在夏秋交

【聖意】　病與訟. 皆不利. 名與財. 亦阻滯.
　　　　孕有驚. 行未至. 若遇貴. 事方濟.

【東坡解】　艱難歷遍. 作事皆非. 南鳥北巢. 失其所依.
　　　　　夏秋之交. 貴人相提. 應稱謀望. 榮達可期.

【碧仙註】　謀爲先阻後通亨. 事用心機逐所行.
　　　　　若得貴人提拔處. 諸般方可事圓成.

【解曰】　此籤歷涉艱難. 凡事不遂. 如南鳥依北巢. 失其所居之處.
　　　　若遇秋之後. 方得貴人提攜. 病宜防. 訟亦險. 名利俱阻.
　　　　行人未回. 婚能成. 財緩有. 言目下終未便也.

【釋義】　玄德贅孫堅女. 起臥處. 悉羅列劍戟. 其歷艱險. 恍如失勢之龍.
　　　　是南鳥依北巢. 不得其所也. 後竄南歸. 起諸葛. 用關張. 是得
　　　　貴人識面也. 占者若所依之地. 因其人而用之不得其宜. 則是非
　　　　紛紜. 動輒見咎. 凡事夏末秋初. 方遇貴人提攜. 有泰來之兆.
　　　　名利逐意. 但恐其終不如其始. 婚不易成. 訟不得勝. 他事愼之.

【공명】 꿈만 잘 꾸면 되는가? 홀연히 변화하여 노력을 한 보람도 없이 공허하게 되어가고 있다.

【사업】 하는 일마다 모두 공허하게 돌아가는데 분수를 지키고 조용하게 때를 기다리는 것은 군자이다.

【소송】 승리를 하고자 하는데 도리어 재앙이 겹쳐서 일어나니 마음이 편안하지가 않구나.

【외출】 험악한 산골짜기에 안개는 자욱하니 길이 보이지 않아서 움직이지 않느니만 못하다.

【결혼】 만약 당장 결혼을 하고자 한다면 아마도 오래 가기 어려울 것이니 맺지 않는 것이 현명하다.

【가족】 가족들이 모두 훌쩍이고 있고 사람이 다치기도 하니 좋은 풍경이라고 하기는 어렵겠다.

【임신】 오랜 원한으로 복수를 하려고 태어나는 자식이라면 어찌 낳아서 기르라고 하겠는가?

【건강】 까마귀가 울고 달은 떨어지니 한바탕 검은 구름에 등불도 어두워지고 화로불도 사그라진다.

【농축】 부유하고 여유로움을 말하지 말고 하늘이 정해 준 것이라고 생각하여 근신하고 자중하라.

【실물】 원레의 물건이 없어져버렸으니 다시 찾아내기는 불가능할 모양이니 다음 일이나 대비하라.

| 五十四 | 中平 | 己丁 | 蘇秦刺股 |

소진이 자신의 허벅지를 찌르며 인내한다.

萬人叢裏逞英豪　便欲飛騰霄漢高
爭奈承流風未便　青燈黃卷且勤勞

【聖意】　財未遂. 名未超. 訟不宜. 病未消.
　　　　婚難信. 行路迢. 待時至. 百事饒.

【東坡解】　謀望趨高. 便期遠到. 爭奈時乖. 徒自狂躁.
　　　　且宜守己. 勉行善道. 直待時亨. 凡事皆好.

【碧仙註】　一事方成一事虧. 不如意者受禁持.
　　　　舟移上水南風急. 險阻艱難在此時.

【解曰】　此籤惺惺成懞憧. 凡事皆不如意. 只可守舊. 休自躁進.
　　　徒勞心力. 直待時來. 自有亨泰. 名未超. 財未遂. 訟不
　　　宜. 婚休問. 行人遠. 病未安. 命運迍. 宜謹守也.

【釋義】　英豪之士. 天氣所生. 高出人表. 自有不同. 然圍(圍本作
　　　右阜左危)于運之窮. 未遂飛騰. 但不爲窮所困. 而能勤
　　　勞. 黃卷則志之所養. 愈雄邁乎人矣. 一得其時. 豈不濟.
　　　占者無得. 只宜謹守.

【공명】 먹고 사는 것을 구하는 것은 좋으나 그대여 묻지는 말라. 이미 정해진 것을 바꾸기 어렵다.

【사업】 옛것을 고친다면 반드시 잃게 될 것이니 그대로 유지하면서 때를 기다리는 것만 못하다.

【소송】 싸워서 이길 생각을 말라. 평지풍파가 일어날까 두려우니 화합한다는 한 생각만 하라.

【외출】 분수를 지키는 것이 가장 좋고 문 앞에 나가봐야 장애물만 가득하니 집 안에서 휴식하라.

【결혼】 다만 맨 아래의 상대를 고르는 것이 현명하고 높은 집에 사는 사람은 바라보지 말라.

【가족】 다만 바랄 것은 분수를 지킴이니 그 외의 것은 생각하지 말고 안정만 생각하면 근심이 없다.

【임신】 신령에게 기도하면 반드시 보살핌이 있을 것이니 복을 지은 다음에 아이를 구하라.

【건강】 그동안 의지하던 의사에게 의뢰를 할 일이고 잘 알아서 도와 줄 것이니 보양만 하면 된다.

【농축】 얼른 부자가 되겠다고 많이 구하는 것은 의미가 없으니 내년 봄을 기다리면서 준비함이 옳다.

【실물】 잃었던 물건을 되찾는다고 해도 후회는 남을 것이니 손실을 각오하고 준비하는 것이 좋다.

五十五 中平 己戊 包龍圖勸農

포청천이 농업에 힘쓰도록 권장한다.

勤耕力作莫蹉跎　衣食隨時安分過
縱使經商收倍利　不如逐歲廩禾多

【聖意】　休問名. 莫貪財. 訟宜解. 病無災.
　　　　婚可就. 遠行回. 戒出入. 福自來.

【東坡解】　衣食自足. 強求則損. 不如歸耕. 種植爲本.
　　　　縱巧經營. 豈能長遠. 安分守成. 榮達未晩.

【碧仙註】　守己須防勝巧心. 皇天有眼不虧人.
　　　　只宜安分休更改. 恐怕災殃及汝身.

【解曰】　此籤顯然說安分. 隨時謹守方好. 名莫貪. 訟宜和. 病自
　　　　安. 婚自就. 遠行回. 休出入. 福祿隨分也.

【釋義】　衣食僥足. 強求有損. 不如勤耕力作. 莫使蹉跎歲月. 縱
　　　　有巧計經商. 豈能長久. 占者安分待時. 莫求險利. 坐亨
　　　　溫飽. 大抵此籤主有廩祿. 禾米之益. 未能實有富貴耳.

【공명】 그대의 이름을 세상에 알리려고 하기 이전에 우선 마음을 수양하고 학문에 힘써야 한다.

【사업】 형제가 뜻을 합하니 하늘이 감응하여 황토가 변하여 황금이 된다. 천천히 때를 기다려라.

【소송】 귀인이 눈을 들어 살펴봐주고 있으니 경치가 좋은 장면이라 화해하면 가장 현명하다.

【외출】 처음에는 쓰기만 하더라도 나중에는 달콤한 것이 인내하고 견딜 만한 장면이니 성공한다.

【결혼】 숨어있는 사람이 다른 속셈이 있으니 처음에는 좋아 보여도 나중에는 속이 시끄러워진다.

【가족】 가족에는 문제가 없고 편안한 풍경이니 느긋한 마음으로 여유롭게 관찰하고 화목하게 하라.

【임신】 때가 되면 꽃이 피고 때가 되면 열매가 맺혀서 결실을 볼 것이니 그 열매를 잘 가꾸라.

【건강】 하늘에서 좋은 인연을 맺어주니 얼음이 변해서 훈풍이 되어 반드시 건강을 되찾게 된다.

【농축】 조용하게 기다려야 할 시기이니 서둘지 말고 작물의 생육에 힘쓰노라면 마침내 결실이 있다.

【신물】 조심을 한다면 근심의 원인을 방지할 수가 있겠는데 그로 인하여 노리는 사람이 사라진다.

五十六　下下　己己　王樞密奸險

황흡약(추밀)이 간사하고도 음험하다.

心頭理曲強詞遮　直欲欺官行路斜
一旦醜形臨月鏡　身投憲網莫咨嗟

【聖意】 莫興訟. 勿求財. 病有祟. 行人回.
　　　　婚須審. 難信媒. 行正直. 免凶災.

【東坡解】 心邪理曲. 飾詞欺公. 明鏡照破. 心致終凶.
　　　　何如退步. 正直是從. 庶免其禍. 可保厥躬.

【碧仙註】 萬事皆從命裏招. 十場煩惱九場焦.
　　　　不如退步求安靜. 只把明香向佛燒.

【解曰】 此籤先凶後吉. 有成有敗. 不如退步免禍. 休問訟. 莫求財. 病有邪. 婚不成. 信未同(至). 修陰騭. 免凶災也.

【釋義】 天下奸無不破憲網. 臺諫官也. 訟者若理由詞強. 則不免鞭笞(答)戮辱. 悔亦晚矣. 求名若朔日不應. 望日主上人作養反吉. 庶人得此. 明有人非. 幽有鬼責. 一毫欺心. 十分惡報. 只宜爲善. 不可以私減公. 如此則禍消福降. 事事遂意也.

【공명】 저승의 귀신들이 날뛰고 있으니 누가 선하고 악한지 알 수가 없어 조용히 기다림이 최선이다.

【사업】 아무리 애를 쓰고 잘 살아보려고 하더라도 결과적으로는 아무런 이익이 없는데 괜히 힘쓴다.

【소송】 운명의 관재가 다가와 있으니 절대적으로 조심을 하여 함정에서 벗어나도록 해야 한다.

【외출】 고향을 등지고 어디로 떠나는가? 사람을 만날 때마다 조심하고 소인배는 피해야 한다.

【결혼】 어리석은 사람이 생각을 해봐야 망상에 불과하니 말과 행동을 조심하고 다음 기회를 보라.

【가족】 가족들이 훌쩍이고 멋진 꿈은 처량해진다. 형제가 헤어질 암시가 있으니 잘 살펴라.

【임신】 절대로 안 되는 것은 질투심이니 아이를 얻으려다가 위태로움을 당할까 두려우니 기도하라.

【건강】 신령님은 돕지 않고 의약은 모두 효험이 없으니 아마도 이 세상의 인연이 다 한 듯하다.

【농축】 바람이 심하게도 부는구나. 하늘이 조화롭지 못한데 전답의 사정이 어찌 평화로울까.

【실물】 나쁜 사람이 이미 계략적으로 일을 꾸미고 있으니 모름지기 힘써서 방비하고 주의하라.

五十七　中平　己庚　欄柯觀棋

도끼자루가 썩는 줄도 모르고 바둑구경 한다.

事端百出慮雖長　莫聽人言自主張
一著仙機君記取　紛紛鬧裏更思量

【聖意】　訟急解. 病早禳. 信即至. 財如常.
　　　　孕生男. 禱神康. 凡百事. 自主張.

【東坡解】　事務多端. 紛紜不已. 三思後行. 悉歸條理.
　　　　莫信人言. 當自揣己. 攙先一著. 何事不濟.

【碧仙註】　是非誰不怕將來. 只要胸中自主義.
　　　　先自關防贏地立. 若遲一步便成災.

【解曰】　此籤只宜退步. 不可求勝. 莫信人言. 當自理會. 攙先一著. 何憂不濟. 婚不成. 財如常. 訟宜和. 病蚤禳. 信即至. 孕可慮. 禱神康. 防人侵害也.

【釋義】　陳凱提兵伐寇. 人言紛紛. 神與之言曰. 一著仙機. 君速圖之. 俾無竄匿. 既而密遣. 顧巖等. 抵郡即平之. 故有一著仙機君記取之說. 凡事事紛紛. 若失機關. 枉費心力. 必不濟也. 名利未遂. 謀事如常. 仙或作先.

【공명】 이름을 구하는 일에는 막힘이 많으니 아직 운이 오지 않은 탓이라 조금 더 기다림이 필요하다.

【사업】 지금 당장이야 힘들게 사업을 지키고 있지만 새봄이 되면 뻗어 나갈 방법이 있으니 기다려라.

【소송】 옳고 그른 것이 분명하게 드러나게 되었으니 괜히 마음 쓰지 말고 하늘의 뜻에 따른다.

【외출】 만약에 동쪽으로 가고자 한다면 마침내 바라는 것을 얻을 수가 있겠으니 좋은 결실을 본다.

【결혼】 당장에 잘되지 않는다고 해서 초조하게 서둘 필요가 없으니 봄을 기다리면 연분이 된다.

【가족】 가문이 화합하고 화사한 기운이 넘쳐나고 있으니 내년 봄이 되면 더욱 길한 일이 많다.

【임신】 편안하게 마음을 갖고서 잘 기르면 귀한 아기가 연달아서 태어나니 아들과 딸이 된다.

【건강】 신령께 기도를 많이 하도록 하라. 내년 봄이 되면 문득 좋은 인연을 만나서 쾌유하게 된다.

【농축】 올해의 운을 보니 아직은 덜 되었으니 봄을 기다려야 할 모양이다. 지금은 힘든 시기이다.

【실물】 조심조심하여 재앙을 방지하라. 그리고 다시 찾을 가능성이 있으니 찾지 않아도 돌아온다.

| 五十八 | 上吉 | 己辛 | 蘇秦背劍 |

소진이 칼을 등에 지고 육국을 호령한다.

蘇秦三寸足平生　富貴功名在此行
更好修爲陰騭事　前程萬里自通亨

【聖意】病卽安. 訟決勝. 行人回. 婚宜定.
　　　　孕生男. 家道盛. 積陰功. 福來應.

【東坡解】凡百謀望. 遠行則吉. 求財必豊. 求名必得.
　　　　　更行好事. 以助陰騭. 富貴榮華. 始自今日.

【碧仙註】孕則生男財則遂. 功名到底可相期.
　　　　　作事有成終有望. 凡人皆可問謀爲.

【解曰】此籤. 只宜謹愼. 不可强爲. 防有口舌之憂. 莫聽人言.
　　　　方可無事. 婚宜定. 訟決勝. 病遇良醫卽愈. 凡謀望遠行
　　　　則吉. 求財豊原. 功名必得. 要修陰德. 自然福祿全成.

【釋義】蘇秦憑三寸舌佩相印. 謂以口舌得官也. (憑三寸舌本作
　　　　坤二寸占)占者得此. 主賴口才之助. 富貴可得. 但當修
　　　　爲陰騭. 則前程遠大. 萬里者遠大之意. 凡事當逐行勿遲
　　　　疑. 謹愼自守. 不可欺詐. 却得無虞. 問事與病. 遇蘇秦
　　　　二姓之人則吉. 名利遠行可得. 鄕邦未遂.

【공명】 선함을 행하니 하늘에서 길상을 내리고 쉬지 않고 보시하니 공명을 성취하게 된다.

【사업】 재물의 운이 이미 통하였으니 근심 할 일이 없다. 흙이 변해서 황금이 되는 조짐이다.

【소송】 하늘의 이치를 따라서 행하면 신령도 묵묵히 도와줄 것이니 부귀는 저절로 이르게 된다.

【외출】 시절인연이 만사형통을 의미하고 있으니 밖에 나가면 큰 이익을 얻어서 귀가하게 된다.

【결혼】 길한 사람이 하늘에서 도우니 남녀의 만남에도 아름다운 광채가 빛나서 백년해로 하게 된다.

【가족】 가족이 모두 평안하고 집안이 안정되었으니 모든 일이 마음과 같이 따라다니면서 즐겁다.

【임신】 꿈에 귀신도 보이고, 뱀도 보이지만 이것은 아직 때가 되지 않은 탓이니 조금 더 기다려라.

【건강】 흉을 만나도 길로 변화하니 반드시 신의를 만나게 되어서 회복을 하게 된다.

【농축】 부지런히 밭을 갈고 씨를 뿌리니 밭의 벼가 풍부하게 자랐기에 배를 두드리면서 넉넉하다.

【실물】 조금 떠나간 물건은 돌아오지 않을 요량이므로 마음에 담아두지 말라. 그만한 대가가 또 온다.

| 五十九 | 中平 | 己壬 | 鄧伯道無兒 |

등백은 출세하였으나 슬하에 자식이 없다.

門衰戶冷苦伶仃　自嘆祈求不一靈
幸有祖宗陰騭在　香煙未斷續螟蛉

【聖意】名難保. 財難圖. 訟不利. 病無虞.
　　　　婚可合. 信音無. 行方便. 守規模.

【東坡解】門戶衰微. 空自祈禱. 幸有祖宗. 陰騭可保.
　　　　　若問後嗣. 異姓更好. 更行善事. 當得美報.

【碧仙註】寂寞之後好榮華. 福自生來富貴家.
　　　　　凡事前緣宜有令. 到門當戶必堪誇.

【解曰】此籤冷落中有生氣. 當見重重之喜. 必得螟蛉之續. 雖然
　　　　假合. 却是前緣. 訟且和. 財未遂. 名難得. 婚却合. 信
　　　　音無. 病急祈禱. 幸有祖宗陰騭可保. 更作好事相助也.

【釋義】明說之人無子宜. 螟蛉以繼其後門衰一句. 言時運否塞.
　　　　天之福佑乎人. 雖日靡常而亦鄙各於薄命之人. 故祈求
　　　　於神而神不靈焉. 占此凡事皆賴祖宗陰德庇祐. 雖淡薄
　　　　之中. 自有意味. 值午未字來. 始得亨通. 名可顯. 利可
　　　　獲. 嗣可續螟蛉也.

【공명】 그대에게 가장 필요한 것은 남들이 모르게 덕을 쌓는 것이니 그러고 나서야 좋은 인연이 된다.

【사업】 그 마음에 충성심과 후덕함을 갖추고 있으니 순수하여 반드시 큰 이익을 얻게 된다.

【소송】 하는 일마다 의욕을 잃었으니 뒤로 물러남이 귀한 행동이라 화합하고 더 이상 끌지 말라.

【외출】 분수에 따라서 자신을 지키는 것이 사람이 할 일을 다 하는 것이니 그 다음에 공이 있다.

【결혼】 처음에는 근심하였으나 나중에는 기뻐하는 일이 될 것이니 바름을 지키면 반드시 배필이 있다.

【가족】 가족들에게 너그러운 마음으로 대하라는 것을 권하나니 덕을 쌓은 다음에 비로소 화목하다.

【임신】 마음을 모아서 집중하여 공을 들이면 자식이 반드시 태어나서 가문을 키우게 될 것이다.

【건강】 한 몸을 지키는 방법은 일찍부터 몸을 잘 가꾸고 마음은 재계하고 기도하는 것이다.

【농축】 왕성하고 기뻐하는 것이 고정된 것은 아니지만 운이 무난하니 반드시 수확을 거두게 된다.

【실물】 이미 내 손을 떠나간 물건은 내 것이 아닌데 괜한 마음을 쓰려는가? 때가 되어 나간 것이다.

六十　上上　己癸　宋郊兄弟同科

송교의 형제가 나란히 과거에 급제한다.

羨君兄弟好名聲　兄管謙撝莫自矜
丹詔槐黃相逼近　巍巍科甲兩同登

【聖意】　宜出入. 好謀望. 訟卽決. 財亦旺.
　　　　孕生男. 病無恙. 信音回. 有神相.

【東坡解】　兄弟聯芳. 聲名自起. 凡事謙撝. 以全其美.
　　　　　前程遠大. 好事近矣. 兩兩高擢. 同登甲第.

【碧仙註】　同志同登兩得仙. 時來凡事合先鞭.
　　　　　所謀所望皆如意. 福祿榮華件件全.

【解曰】　此籤百般如意. 謀事有成. 出入好. 求財多. 高登科. 訟
　　　　必解. 病卽癒. 財方旺. 功名必得. 行人卽至. 孕生男. 婚
　　　　必合. 宅舍吉. 神明相助也.

【釋義】　大器既成. 許掇高弟. 如兄占弟. 弟必利. 弟占兄. 兄必
　　　　利. 兄弟同科. 必主聯芳. 然得意者多矜. 故當謙撝. 則
　　　　天祐神助. 前程遠大. 凡事占之. 至秋大利. 家宅得此.
　　　　主兄弟和睦. 妻孥好合. 同字或作重.

【공명】 내 마음을 알아주는 벗을 얻고 출세의 길까지 열리게 되었으니 공명을 기약하게 된다.

【사업】 경영하여 물건을 많이 팔고 공부하여 시험에도 합격하니 만족할 만한 이익이 있다.

【소송】 좋은 사람이 나를 위해서 헌신하고 있으니 저절로 콧노래가 흘러나오고 아무 어려움이 없다.

【외출】 머리를 맞대고 기쁨을 나누고 하늘을 보면서 성공을 기약하니 귀인이 바로 나타난다.

【결혼】 이로움이 있으니 얼른 가서 만나보고 결혼을 허락해도 즐거운 일이 많이 생기게 된다.

【가족】 주인이 편안하고 생기가 문전에 넘쳐나며 신의 힘으로 가정을 지켜주니 근심이 없다.

【임신】 음덕을 닦아서 공을 이뤘으니 귀한 아들을 얻게 되고 삼대에 이르도록 칭송을 하게 된다.

【건강】 좋은 인연의 신의를 하늘이 내려주니 목마른 고기가 물을 얻은 것과 같아서 바로 쾌유한다.

【농축】 오곡백과가 전원에 무성하니 작년보다 더욱 번창한 풍경이라 일마다 모두 뜻을 이룬다.

【실물】 비록 조금 잃었다고는 하지만 사소히 마음에 둘 필요 없는 것은 다시 돌아 올 물건이다.

| | 中吉 | 庚甲 | 祭征虜雅歌投壺 |

제준은 검소하여 노래첩을 항아리에 던졌다.

嘯聚山林兇惡儔　善良無事苦煎憂
主人大笑出門去　不用干戈盜賊休

【聖意】　財平平. 病漸效. 訟自散. 莫與較.
　　　　遠行歸. 婚亦宜. 雖有險. 終平夷.

【東坡解】　惡少操心. 欲害良善. 彼何能爲. 徒逞強健.
　　　　　君子善勝. 收功不戰. 有神相之. 陰消禍變.

【碧仙註】　心驚如踏一層冰. 長敬番成度量生.
　　　　　一葦一舫波浪足. 駸駸喜色藹門庭.

【解曰】　此籤主有驚險. 防小人侵害. 若能守性存善. 却有德曜及
　　　　身. 神明助之. 陰消禍變. 病恐險. 訟必散. 財平平. 婚宜
　　　　審. 凡事有陰. 及後平和.

【釋義】　灌嬰將兵擊尉陀. 人民驚恐. 神在南越山上. 告將軍曰.
　　　　干戈不動. 而盜賊遽休. 後果奏凱. 占此主小人侵害. 事
　　　　多驚恐. 若能修福. 則惡不能侵害. 危病小口(心)無事.
　　　　家主見凶. 凡事先憂後喜. 名利險中可得.

【공명】 겨울이 지나가고 매화가 피어나니 지금이 바로 급제를 할 시절이라 고진감래의 기쁨이다.

【사업】 신에게 기도하고 분수를 지키면 스스로 큰 이익을 얻게 되니 마음을 모아서 노력하라.

【소송】 양의 기운이 성장하고 음의 기운은 쇠락하니 반드시 법관의 마음을 얻고 이기게 된다.

【외출】 사방으로 마음을 두고 움직이는데 어디라도 해롭지 않으니 하는 일마다 마음과 같다.

【결혼】 부부가 서로 뜻을 존중하고 화목하니 귀한 아들까지 따르게 되니 복과 수명이 완전하다.

【가족】 인자한 마을이요. 덕스러운 가정이니 길한 경사가 끊임없고 하는 일이 모두 뜻과 같다.

【임신】 화합과 사랑을 갖고 있는 부모에게 귀한 아들이 점지되었으니 잘 키워서 큰 인물이 되게 하라.

【건강】 물이 없는 고기가 물을 얻은 것과 같으니 약을 먹지 않아도 병이 저절로 나아지게 된다.

【농축】 오곡백과가 풍성하고 가축은 모두 번창하니 재물의 기운이 저절로 발생하여 성공한다.

【실물】 물건에는 스스로 움직일 발이 없으니 밖으로 나간 것이 아니라 집 안에 있으니 근심 말라.

| 六十二 | 中吉 | 庚乙 | 韓信戰霸王 |

한의 한신이 패왕 항우와 전투를 벌이다.

百千人面虎狼心　賴汝干戈用力深
得勝回時秋漸老　虎頭城裏喜相尋

【聖意】　訟必勝. 財必進. 病有祟. 遠有信.
　　　　婚可成. 名可稱. 到秋來. 百事順.

【東坡解】　人多謀害. 汝善却敵. 縱有憂驚. 終自消釋.
　　　　得勝回時. 定在秋日. 圖向西方. 事事皆吉.

【碧仙註】　各人心術各人行. 須要心機更自精.
　　　　只恐榮華方到手. 秋風吹散葉飛聲.

【解曰】　此籤其先險阻. 後却亨通. 凡事遲滯. 防有後難. 若遇秋日. 事事皆吉. 婚成訟勝. 病防反覆. 財有進退. 遠行有傷. 名利終不遂意.

【釋義】　干戈謂貴人扶持也. 言人聚集之衆. 人面獸心. 咸欲謀害善良. 賴有干戈護衛. 縱使目下驚憂. 不足爲懼. 終自消釋. 季秋之期高折桂枝. 凡百圖謀. 決勝於前始. 雖險阻. 終却亨通. 虎頭城乃贛州也. 舊爲虔州. 趙淸獻公知處州. 有詩曰. 乍辭鳳尾闕來到. 虎頭城裏喜相尋. 偶然事機之會也. 占此遇寅字始能發福.

- 【공명】 앞의 길은 비록 험난하나 덕을 쌓음을 우선으로 한다면 나중에는 반드시 복이 돌아온다.
- 【사업】 마음을 모두 쏟아서 일을 하게 되면 한바탕 큰 이익이 있을 것이니 만사가 여의 하리라.
- 【소송】 평온한 마음으로 안정을 하면 관청의 허물은 받지 않을 것이니 마침내 평온무사 하리라.
- 【외출】 시절의 운세가 환하게 열렸으니 대문을 나가면 큰 이익을 얻고 좋은 인연을 만나게 된다.
- 【결혼】 두 사람이 만나서 한 마음으로 결합이 되어서 행복한 가정을 꾸리게 되니 부귀를 얻는다.
- 【가족】 가족이 모두 편안하니 근심을 할 일은 없겠고 가정에는 활기가 넘쳐나게 된다.
- 【임신】 아들이 많으니 복도 많고 대대로 창성하고 발전하여 가문이 빛나게 될 것이다.
- 【건강】 근심하고 두려워 할 필요가 없는 것은 천지신명이 보호하사 신이 의원을 보내줄 것이기 때문이다.
- 【농축】 올해의 운수가 길하니 오곡백과가 토실토실하게 여물었고 가축도 모두 잘 자란다.
- 【실물】 잃어버린 물건이 멀리 가지 않았으니 내일 아침에 바로 돌아오는 것은 운수가 좋기 때문이다.

六十三　中吉　庚丙　楊令公撞李陵碑

양령공이 이릉비에 부딪쳐 죽었다.

襄時敗北且圖南　筋力雖衰尚一堪
欲識生前君大數　前三三與後三三

【聖意】病可醫. 訟中平. 財尋常. 信有準.
　　　　名未亨. 婚可聘. 勿強圖. 隨分定.

【東坡解】前後謀望. 皆有所成. 晚年經商. 尚堪一行.
　　　　　福分數定. 不虧不盈. 若欲多取. 徒芳神精.

【碧仙註】作事當圖共老成. 莫疑阻漸沒通亨.
　　　　　要知勤苦勞神處. 正是皇天玉手更.

【解曰】此籤謀望有成. 晚年經商. 正可一行. 若欲多取. 徒勞心力. 問訟宜和. 婚主三娶. 財如常. 信準有. 名未遂. 病可醫. 凡事當隨分也.

【釋義】頭句言不如昔日之遂意也. 一句言人不可自也. 但人自有大數不可強求. 三三俱九數. 九者陽之名. 凡老陽則變. 而動占者主泰極變否. 棄極變泰. 吉凶得失. 輒相循環. 所謂有數存焉. 老此當以所占之期. 合成九數. 則可趨. 不合則否可避. 斯得之矣. 大抵此籤. 問名主晚成. 問子推主早得. 婚主三娶. 宜謹詳之.

【공명】 여러 해를 고심하고 마음고생이 많았는데 새로운 봄을 맞이하여 먼저 반가운 소식을 듣는다.

【사업】 많은 상단이 구름처럼 모였으니 봄바람에 뜻을 이루게 되어 무역이 크게 흥성할 조짐이다.

【소송】 놀라고 의심을 할 필요는 없다. 그냥 평소 하던 대로 일을 처리하면 마침내 좋은 일이 있다.

【외출】 호랑이가 바람을 일으키고 용은 구름을 불러 오듯이 멋진 상대를 만나서 크게 왕성하게 된다.

【결혼】 좋은 인연이 서로 만났으니 귀하게 만나서 영원토록 사랑의 강을 바라보면서 살아간다.

【가족】 아버지와 아들이 마음을 나누고 뜰에는 한가로운 분위기가 가득하니 마음같이 편안하다.

【임신】 아들이든 딸이든 잘 낳아 키우니 조용하게 잘 자라서 편안하고 예쁜 아이로 성장한다.

【건강】 경건하게 마음을 모아서 기도하라. 반드시 좋은 의사를 만나서 위험한 고비를 넘기게 된다.

【농축】 밭에 심은 곡식이 모두 잘 자라고 가축은 아무런 병도 없이 활발하니 올해의 운은 대길이다.

【실물】 동빙으로 찾아보면 능히 되찾을 수가 있는데 寅日이나 辰日을 만나게 되면 다시 잃지 않는다.

六十四　上上　庚丁　管鮑分金

관중과 포숙아가 얻은 재물을 나누고 있다.

吉人相遇本和同　況有持謀天水翁
人力不勞公論協　事成功倍笑談中

【聖意】　貴遇趙. 訟卽了. 名能成. 病可療.
　　　　財有餘. 婚亦好. 問信音. 卽刻到.

【東坡解】　與人謀合. 況遇朝貴. 援手提攜. 事皆稱意.
　　　　　勿勞餘力. 成就甚易. 出入皆宜. 吉無不利.

【碧仙註】　作事須知兩不同. 主謀全仗貴人功.
　　　　　但凡事事皆如意. 只恐人生談笑中.

【解曰】　此籤謀望和合. 遇貴人提挈. 凡事稱意. 出入皆宜. 訟卽了. 名得成. 財有望. 婚亦合. 病可醫. 信決至. 無不遂也.

【釋義】　言功名謀爲. 凡遇趙胡二姓者. 爲協力. 贊攘則意氣和合. 事無不成功. 無不就. 不勞一毫心力. 只恐談笑中三字. 主事有阻滯. 中道而止. 半途而廢也. 俱宜謹言愼行. 吉无不利. 天水不止. 姓趙凡郡中有天水者皆是.

【공명】 그대의 운명에는 관운이 높이 비쳤으니 앞길이 원대하고 비단 옷을 입고 당당하게 귀향한다.

【사업】 물건이 산처럼 쌓였고 구입하는 것마다 날개가 돋은 듯이 팔려나가니 기쁨으로 희색만면이다.

【소송】 귀인이 나를 지켜주고 보듬어 주는데다가 하늘의 이치도 어기지 않았으니 일마다 여의하리라.

【외출】 곳곳에서 산들바람이 불어와서 재물의 운을 부추기니 하는 일마다 즐거운 풍경이 나타난다.

【결혼】 끈으로 묶어 놓은 듯이 한 마음이니 안에서 협력하고 밖에서 도와주니 백년해로 한다.

【가족】 일가 친척들이 모두 화목하고 가족들이 안온하니 뜰 안에 기쁨의 웃음소리가 끊이지 않는다.

【임신】 음덕으로 윤택한 몸과 마음으로 귀한 아들을 연달아 둘 수이니 능히 좋은 꿈을 꾸었겠다.

【건강】 재액이 모두 다 물러가고 백가지의 병들도 다 사라져 가니 약이 없어도 병이 사라지게 된다.

【농축】 전답도 왕성하고 가택도 푸근하니 가축들도 덩달아서 번창하여 큰 이익이 돌아온다.

【실물】 화로에 금단약이 있었는데 실수로 잃어버렸지만 다시 돌아올 것이니 다시 잃지 않도록 하라.

| 六十五 | 上上 | 庚戌 | 蒙正木蘭和詩 |

여몽정이 목란화의 시로 장원급제한다.

朔風凜凜正窮冬　多羨門庭喜氣濃
更入新春人事後　衷言方得信先容

【聖意】　財多得. 名高中. 可問婚. 亦宜訟.
　　　　病卽安. 行人動. 禍變消. 福力重.

【東坡解】　數極于冬. 窮久則通. 交季冬月. 喜氣重重.
　　　　　新春一至. 和氣愈充. 好遇貴客. 百事皆同.

【碧仙註】　不意反成得意歸. 入門一卦見仙機.
　　　　　當時險難皆平靜. 百事和諧沒是非.

【解曰】　此籤數極于窮冬. 遇變而通. 貴人提拔. 百事亨通. 病者安. 訟宜和. 財有望. 婚可求. 名利高. 行人來. 凡事死中求生也.

【釋義】　言氣數之窮. 有變亨之兆. 時值冬月. 雖多喜事. 不若新春. 人事之後. 方始遂意. 謂加以人爲之周旋也. 衷言者. 貴人之言也. 信先容者. 凡事至春. 凶變爲吉. 好事重重.

【공명】 얼마나 오랫동안 추운 창가에서 글을 읽었던가. 가을 바람이 불어서야 좋은 소식을 듣는다.

【사업】 재물의 기운이 넉넉하게 넘쳐나고 끊임없이 들어오는 시기이니 오로지 잘 관리하도록 하라.

【소송】 큰 관운이 그대 몸에 합하여 들어오니 향하는 것에 대해서 굴복을 하지 않아도 이기게 된다.

【외출】 돛대에 바람을 가득 안고 항해를 나섰으니 큰 협력자를 만나서 많은 재물을 싣고 돌아온다.

【결혼】 좋은 인연이 있어서 서로 만나 남매처럼 오순도순 일생을 살아가니 웃음이 끊이지 않네.

【가족】 집 안의 모든 사람들이 즐겁고 경사는 끊임없이 문전으로 날아드니 하늘의 향기가 넘쳐난다.

【임신】 오랫동안 선행을 쌓은 집안이니 벼슬을 할 자녀가 태어나는 것이고 가정을 일으켜 세운다.

【건강】 봄날의 따사로운 기운을 받아서 몸이 조화를 이루게 되니 그 자리에서 바로 건강을 찾는다.

【농축】 가축이 낳는 새끼마다 무럭무럭 잘 자라니 가을이 되면 알찬수확을 거둬서 곳간이 넘친다.

【실물】 찾아보면 반드시 만나게 된다. 잃은 물건이 스스로 돌아올 것이니 다시 잃지 않도록 하라.

六十六　上上　庚己　杜甫遊春

시성 두보가 따스한 봄날에 나들이 간다.

耕耘兄可在鄉邦　何用求謀向外方
見說今年新運好　門闌喜氣事雙雙

【聖意】　病卽安. 訟卽決. 財漸豐. 名高揭.
　　　　行人回. 婚可結. 莫外求. 福儘得.

【東坡解】出外不宜. 在家必達. 時運將亨. 財祿俱發.
　　　　好事重重. 門庭改革. 若欲遠圖. 弄巧成拙.

【碧仙註】自家安分莫他求. 自有榮華切莫憂.
　　　　喜得一陽天氣象. 也知春煖勝三秋.

【解曰】　此籤不宜遠行. 只宜守舊. 自有超達. 時運漸亨. 財祿俱
　　　　發. 訟不宜. 財自至. 婚可求. 名利高. 病獲安. 孕生貴子.
　　　　風水利順. 家宅昌隆也.

【釋義】　名利只宜近處. 不宜遠行. 守舊好. 進步難見. 說新運好
　　　　者. 不是決. 許其好. 尚當待時發達也. 占此者. 凡事皆利.
　　　　且得護喜. 婚姻事尤宜. 耕耘或作經營. 向字或作出字.

【공명】 겹겹이 관록궁이 가득하여 임금이 사는 궁궐을 내 집처럼 드나드니 이 복을 잘 가꿔라.

【사업】 재물의 별이 밝게 빛나니 이익의 근원이 넉넉하여 원하는 재물을 획득하게 된다.

【소송】 지금은 고개를 숙이고 있지만 반드시 허리를 펼 날이 올 것이니 지나친 근심은 하지 말라.

【외출】 운명이 아름답게 일어나고 있으니 사방에서 하는 일마다 뜻대로 추진되어 성공한다.

【결혼】 아름다운 두 사람이 만나는 것은 하늘이 맺어 주는 인연이니 반드시 백년해로를 하게 된다.

【가족】 뜰에 생기가 넘처나고 봄이 훈풍이 가정을 감돌고 있으니 반드시 경사스러운 일이 있다.

【임신】 아들의 조짐이 나타나면서도 벼슬을 하는 귀인이 될 암시까지 있으니 두 아들이 태어난다.

【건강】 밝은 태양이 높이 비춰주고 있으니 재앙은 이미 물러가고 약이 없어도 건강이 돌아오게 된다.

【농축】 이미 창고는 가득하게 차고 개와 말도 편안하게 놀고 있으니 올해의 운이 대길하다.

【실물】 찾을 마음이 있으면 서둘러라. 이딘가에서 나타나게 될 것이니 다시 잃지 않도록 조심하라.

六十七 　中平　庚庚　　蘇瓊下淚

소경이 욕심많은 형제를 위해 눈물을 흘린다.

繚發君心天已知　何須問我決狐疑
願子改圖從孝悌　不愁家室不相宜

【聖意】 訟和貴. 病改醫. 財別圖. 婚姻遲.
問行人. 尙未歸. 能改過. 事皆宜.

【東坡解】 所謀未善. 何必禱神. 當決於理. 改過自新.
但能孝悌. 敬君事親. 和氣生福. 家道回春.

【碧仙註】 立志須行在善中. 天難瞞隱意先通.
能行好事有功效. 管取家門喜氣濃.

【解曰】 此籤. 好善有善報. 作惡有惡報. 君當決狐疑之也. 改過自新. 禍去福來. 但存好心. 和氣自生. 求財先難後易. 婚姻吉. 行人遲. 孕生男. 風水利也.

【釋義】 言天之禍福由人善惡. 不必問我以決狐疑. 但當改過遷善. 自然福至禍消. 孝悌者. 百行之先. 萬善之本也. 人能孝悌. 則和氣充溢. 而家室自宜矣. 目下名利難得. 後有生意. 占此主先難後易. 宜改圖之則吉.

【공명】 노력도 열심히 했지만 시운이 좋아서 뜻을 이룰 수가 있으니 너무 마음을 쓰지 않아도 된다.

【사업】 항상 공평하게 구하고 올바르게 얻는다면 만복이 저절로 당도하게 되어서 노력의 값을 준다.

【소송】 일단 급하게 서두르지 않아야 하고 양심이 말하는 대로 따르라. 결국은 길하게 될 것이다.

【외출】 넉넉한 인심을 베풀고 작은 이득을 추구하지 않는다면 마침내 큰 수확을 싣고 돌아온다.

【결혼】 아름다운 두 사람이 반드시 합하게 될 것이나 안타깝게도 중간에 장애가 많으니 나중에 좋다.

【가족】 무해 무탈하게 흘러가는 가운데 복이 스스로 찾아오게 되니 문전에 상서로운 기운이 감돈다.

【임신】 마음을 깨끗이 하고 탐욕을 버리면 아이는 반드시 생겨나게 되고 조상을 빛나게 할 것이다.

【건강】 먼저는 고통스럽지만 나중에는 건강하게 될 것이니 좋은 의원을 만나서 반드시 치유된다.

【농축】 봄과 여름에는 무난하지만 겨울에는 가을보다도 더욱 즐거운 수확이 있으니 참 좋은 풍경이다.

【실물】 꼭 찾으려고 하지 않아도 나중에 나티니게 될 것이니 어두운 곳에서 저절로 드러나게 된다.

| 六十八 | 中吉 | 庚辛 | 錢大王販鹽 |

전류가 소금을 팔아서 돈을 번다.

南販珍珠北販鹽　年來幾倍偵財捴
勸君止此求田舍　心欲多時何日厭

【聖意】　訟已勝. 莫再戰. 名已成. 毋再問.
　　　　婚可定. 病自散. 行人歸. 且安分.

【東坡解】　謀望既遂. 利亦倍收. 貪心不止. 必獲後憂.
　　　　　知足不辱. 可樂優游. 凡事如意. 可休則休.

【碧仙註】　一樣工夫不兩般. 得寬閒處且寬閒.
　　　　　若謀富貴不知足. 自有災愆不待言.

【解曰】　此籤大吉. 謀望有成. 諸般逐意. 家道亨通. 訟必勝. 莫
　　　　再興. 名利有. 婚自成. 行人回. 病莫憂. 財利一倍. 任
　　　　意求. 風水利. 孕生女. 凡謀事. 要謹愼. 且安分守己也.

【釋義】　蓋以帝畿在南也. 占者謀爲. 或自南而此不逆其方. 則
　　　　所爲遂意. 又當戒其貪心. 之不可妄求. 止此. 求田舍者.
　　　　言不可過貪. 而其爲田舍翁也. 若人不能謹守而冒進. 千
　　　　祿則并其所得而亡之. 反爲不美矣.

【공명】 많은 세월을 추운 날로 글만 읽었는데 나를 알아주는 벗이 보호하여 능히 성공하게 된다.

【사업】 두 사람이 한 마음으로 일을 진행하니 미음부터 편안하고 반드시 좋은 결실을 얻게 된다.

【소송】 화합이 세상에서 가장 아름답고 귀한 것이니 다시 싸우지 말도록 하라. 반드시 멈춰라.

【외출】 하나의 양기가 다시 돌아오니 스스로 능히 안정되고 손님과 주인이 모두 즐거워한다.

【결혼】 대문과 문지방이 서로 마주 대하듯이 좋은 인연이 되었으니 오래도록 화목한 가정이 된다.

【가족】 가정에 화합의 기운이 감돌고 모든 일들은 순조로우니 근심스런 마음을 갖지 말라.

【임신】 귀한 자녀를 두게 되어서 가문이 우뚝하게 될 것이니 하늘과 땅에 그 고마움을 전한다.

【건강】 비록 상태가 나쁘다고 하더라도 위험한 것은 아니어서 신의가 치료를 해 줄 것이니 쾌차한다.

【농축】 부지런하고 검소하게 일을 하노라면 궁핍한 것은 면할 것이니 게으르면 얻을 것이 없다.

【실물】 잃어버린 물건은 급하게 찾을 필요가 없으니 때가 되면 다시 얻을 수가 있기 때문이다.

六十九　中平　庚壬　孫龐鬪智

손빈과 방연이 지혜를 갖고서 다툰다.

捨舟遵路總相宜　愼勿嬉遊逐貴兒
一夜樽前兄與弟　明朝仇敵又相隨

【聖意】 名與利. 莫強求. 醫宜審. 婚難謀.
　　　　行人至. 訟可休. 凡出入. 謹交遊.

【東坡解】 捨舟登路. 宜踏實地. 莫伴貴兒. 自當年記.
　　　　　好中成惡. 口舌立至. 戒之愼之. 樽節遊戲.

【碧仙註】 得意濃時終失意. 親朋遇我莫相隨.
　　　　　強言說得如甘蜜. 那得開心見膽時.

【解曰】 此籤出入道路. 宜踏實地. 謹防親人侵害. 時酒遊戲. 好中成惡. 口舌立至. 訟者休. 病審醫. 終不利. 行人至. 名與利. 莫貪求. 宜謹愼. 省是非也.

【釋義】 言謀爲. 當擇交遊. 凡事好中成惡. 是處成非. 所謂樽前兄弟. 明朝仇敵也. 若占名利. 得此只宜安守. 不可強求. 凡有出入. 宜向善背惡. 切勿輕忽. 以貽後悔. 占孕生男. 主有產難. 愼之愼之.

【공명】 그대의 출세는 팔자에 이미 적혀있는 것이니 성급하게 서둘러서 구하려고 하지 말라.

【사업】 재물의 운은 평온하지만 가을에 들어가면 경치가 좋아지니 겨울에 큰 성취가 있다.

【소송】 풍파가 일어난다고 해도 평온한 편이니 크게 놀랄 일은 아니므로 화해를 하도록 하라.

【외출】 앞의 길이 험난할 조짐이니 삼가하고 주의하고 풍파가 일어날 수도 있으니 근신하라.

【결혼】 정식으로 하는 결혼이라면 좋기는 한데 왠지 모사가 끼어있을 가능성을 주의해서 살펴보라.

【가족】 너그러움을 베풀도록 마음에 두고 가정의 화목에 신경을 써본다면 봄기운이 감돌게 된다.

【임신】 아이는 잉태했더라도 고통이 한 둘이 아닌데 두 아이를 낳을 조짐이기는 하나 걱정이 된다.

【건강】 당장은 별로 좋아 보이지 않는 건강이지만 앞으로 시간이 가면서 반드시 회복하게 된다.

【농축】 논을 갈고 가축에게 사료를 먹이는 것에 마음을 쏟는다면 수확이 늘어나게 되니 더욱 절약하라.

【실물】 비록 바람결에 이야기는 듣더라도 만나기는 어려울 것이니 찾을 생각을 하지 않으면 편하다.

七十	中吉	庚癸	王曾祈禱
	가뭄이 심하자 왕증이 기우제를 지낸다.		

雷雨風雲各有司　至誠禱告莫生疑
與君定約爲霖日　正是蘊隆中伏時

【聖意】　訟與病. 漸可解. 名與利. 姑少待.
　　　　婚宜遲. 行無信. 若禱神. 三日應.

【東坡解】　吉凶悔吝. 各有神司. 若問濟事. 在中伏期.
　　　　如旱得雨. 恰慰雲電. 凡所謀望. 直待其時.

【碧仙註】　貧富當知各有司. 功名姻事待其時.
　　　　謀望定應庚日至. 季夏交臨事合宜.

【解曰】　此籤先凶後吉. 凡事謀望. 且待季夏中伏時. 運漸亨. 訟卽解. 名利且待時. 婚宜遲. 行無信. 病且禳. 謀事逢庚日. 方得成就也.

【釋義】　雷雨風雲. 天之變態也. 吉凶貧賤. 人之變態也. 求名者占此. 期在三年三月三日之內. 爲霖雨者. 事之濟也. 爾雅云. 雨三日爲霖. 夏月有三伏. 占者必過三數. 逢庚子爲大利. 若夏月占之亦利也.

【공명】 오랜 세월을 힘들게 글을 읽었는데 점차로 달빛이 비춰주니 반드시 원을 이루게 된다.

【사업】 공명정대한 방향으로 무역을 하면 이익이 크게 들어오니 정식으로 순서를 밟아서 진행하라.

【소송】 다행히 하늘이 바른 이치를 따라준다. 양심이 있는 자에게 반가운 소식을 주게 될 것이다.

【외출】 문 밖에만 나가는 것조차 집에 있는 것만 못하다고 해야 하겠으니 나가지 말라.

【결혼】 당장은 별다른 인연이 닿지 않더라도 겸손하고 화합하면 때가 되어서 인연이 나타난다.

【가족】 노인과 아이가 서로 편안하고 기문에는 화합의 기운이 감도는데 무슨 걱정을 할 것인가?

【임신】 복이 있는 사람이니 좋은 소식을 얻게 될 것이고 근심은 갖지 않아도 될 좋은 조짐이다.

【건강】 비록 증세가 위중해 보이지만 다행히 하늘이 돌보고 있으니 좋은 의원을 만나서 쾌유한다.

【농축】 오곡백과가 들판에 가득하고 가축들은 잘 따르고 있으니 올 해의 운세가 대길한 것이다.

【실물】 반드시 돌아오기는 하겠는데, 그 물건은 집 안에서 잃어버린 것이니 기억을 잘 살려봐라.

七十一　中吉　辛甲　蘇武還鄉

소무가 볼모생활을 마치고 고향에 돌아온다.

喜鵲簷前報好音　知君千里欲歸心
繡幃重結鴛鴦帶　葉落霜飛寒色侵

【聖意】　訟宜和. 名漸通. 婚再合. 病主凶.
　　　　問求財. 時未同. 凡謀望. 在秋冬.

【東坡解】　好音報喜. 遠涉方回. 交冬之際. 家室和諧.
　　　　　凡事終吉. 且待將來. 自有成就. 不必疑猜.

【碧仙註】　凡事要經畫. 須待好時來.
　　　　　到底方就成. 何必致疑猜.

【解曰】　此籤先難後易. 凡事守舊. 謀望待時. 心無掛礙. 好行陰
　　　　騭. 神明來佑. 遭保亨通. 訟事有理. 功名漸通. 婚主再
　　　　合. 求財未遂. 問病主凶丑. 凡事謀望. 宜在秋冬方知也.

【釋義】　功名多不遂意. 所期在後. 而謀事求財在深秋. 早冬之
　　　　際. 必有成就. 禽鳥得氣之先. 故鵲知遠人有佳信至. 則
　　　　報之圖事. 有成就則報之. 但所惜者不久. 若吉者處方亨
　　　　之日. 必有意外之禍. 求全之悔. 家宅主有陰人. 疾病又
　　　　當慎之.

【공명】 많은 세월을 고심하면서 글을 읽었는데 그 결과는 반드시 과거급제의 소식으로 보답을 한다.

【사업】 처음에 잠시 잘 될 것으로 보인다고 해도 절대로 남과 다투지 말고 마음을 낮춰야만 한다.

【소송】 이번 일은 아무래도 기대하기 어려운 조짐이니 모쪼록 화해하도록 하고 강행하지는 말라.

【외출】 한 걸음을 움직이는 것도 세 번을 생각한 다음에 실행해야 할 정도로 매사에 조심하라.

【결혼】 눈곱만한 오해로 인해서 가정은 깨어질 수가 있는 것이니 이것도 운명이 정해 준 것이다.

【가족】 가정이 화목하여 모두가 편안한 것은 왕성한 기운으로 인해서이니 걱정을 할 일이 없다.

【임신】 자식은 하늘에서 주는 것이니 빨리 태어나든 늦게 태어나든 조급하게 서두르지 말라.

【건강】 질병의 액운이 눈에 들었는데 얼른 의사를 바꿔서 치료를 한다면 조금 희망이 있을 것이다.

【농축】 곡실들과 가축들이 모두 무난하게 자라고 있으니 아쉬울 것이 없는 좋은 시절이다.

【실물】 절내로 서둘지 밀고 느긋하게 천천히 찾아본다면 찾아 낼 수 있으니 다시 잃지 않도록 하라.

七十二　中平　辛乙　范蠡歸湖

범려가 모든 것을 버리고 서호로 돌아간다.

河渠傍路有高低　可歎長途日山西
縱有榮華好時節　直須猴犬換金雞

【聖意】　求財遲. 占病險. 名難成. 信尚遠.
　　　　訟終凶. 婚必晚. 孕必驚. 地未穩.

【東坡解】　修路崎嶇. 況當衰晚. 求事多難. 徒自嗟嘆.
　　　　　逢申酉戌. 年月日見. 若遇此時. 稍可如願.

【碧仙註】　平川靜處被風傷. 愛巧番成拙一場.
　　　　　縱饒願得平川靜. 只恐榮華不久長.

【解曰】　此籤干防有險阻. 平地濃難. 俗云. 閉門家裏坐. 禍從天
　　　　上來. 逢申酉戌年月日方吉. 訟凶. 財遲. 功名難. 婚姻
　　　　晚. 孕生必驚. 病主險. 事多凶也.

【釋義】　主曰平地涉險. 凡事掣用. 是乃命之所致. 占此. 不必嗟
　　　　嘆. 遇申戌年月日. 頗得遂意. 至酉上大得利. 所謂崎嶇
　　　　歷而通衢至也.

【공명】 아깝게도 시운이 아직 도래하지 않았으니 마음만 급하다고 될 일이 아니므로 조금 기다려라.

【사업】 재물의 기운이 아직은 미흡하니 마땅히 조용하게 기다리는 것이 현명하고 움직이지 말라.

【소송】 풍파가 조용히 일어나니 헤아리지 못할 정도의 위험은 아니지만 양보하는 것이 좋다.

【외출】 앞으로 나아갈 길이 험난한 것을 예고하고 있으니 모쪼록 삼가하고 주의하여 멀리 보라.

【결혼】 두 사람의 사이에 큰 산이 셋이나 가로막고 있는 형국이니 이 인연은 이뤄지기 어렵겠다.

【가족】 가족들이 모두 훌쩍이며 울고 있으니 지혜롭게 보살펴라. 그렇지 않으면 시들어간다.

【임신】 절대로 초초하게 서두르지 말라. 때가 되면 꽃이 피는 법인데 마침내 자녀를 둘 수 있다.

【건강】 용의 날을 만나면 바야흐로 편안하게 될 것이니 신을 만나서 기도하게 되면 빨리 호전이 된다.

【농축】 오곡도 많다고 말을 하기 어렵겠고, 가축도 확장에 애로가 많으니 새로운 방향을 찾아라.

【실물】 비록 소문에 어디 있나고 들리기는 하겠지만 온전하지는 않을 모양이다. 그래도 찾기는 한다.

七十三　下下　辛丙　王昭君憶漢帝

왕소군이 한의 임금인 원제를 그리워한다.

憶昔蘭房分半釵　而今忽把信音乖
痴心指望成連理　到底誰知事不諧

【聖意】　名利無. 訟休爭. 婚重娶. 孕多驚.
　　　　病危險. 命迍邅. 宜作福. 保安全.

【東坡解】　事多離散. 難望再成. 痴心未解. 尚自客情.
　　　　　縱能強合. 終必敗盟. 凡事謀望. 守宇真誠.

【碧仙註】　訟事有阻. 問財成空.
　　　　　家人嗃嗃. 憂心忡忡.

【解曰】　此籤事多散. 艱再合. 雖強合. 終不久長. 病險. 訟不吉.
　　　　功名虛喜. 婚主重娶. 終不到頭. 行人不至. 孕驚恐. 墳
　　　　宅空虛也.

【釋義】　言婚不諧. 訟者休問. 名利始終更變. 決難永保. 但人之
　　　　痴心未絕. 徒勞指望. 凡事皆難. 不止名利也. 孕不成.
　　　　子難養. 雖無鼓盆之怨. 亦有陰人之損. (註:鼓盆或指包
　　　　公之烏盆案. 謀財害命. 搬屍窯洞. 火化造盆)

【공명】 곤궁하고 근심도 끊이지 않는데 한 가지도 되는 일이 없으니 일찌감치 방향을 바꾸도록 하라.

【사업】 본래부터 이익이 별로 없었는데 아마도 잘못된 것이 많을 것이니 이제부터 잘 지켜야 한다.

【소송】 피차에 서로 다투고 또 경쟁을 하는데 상대는 강하고 나는 약하니 어찌 감옥을 면하랴!

【외출】 풍파가 일어나 고통이 끊임없이 따라다니는데 적당한 선에서 멈추는 것이 현명하다.

【결혼】 괜히 정신을 헛되이 낭비하지 말고 이번 결혼은 되지 않을 셈이니 다음을 도모하도록 하라.

【가족】 가족이 있으나 남과 같이 냉랭하여 마주보고 할 말이 없구나! 반드시 마음을 열고 대화하라.

【임신】 아이를 낳다가 위험한 지경에 처할 수도 있으니 지금은 때가 아니므로 다음을 기약하라.

【건강】 운명의 흉신을 건드렸으니 의사도 약도 모두가 쓸데가 없다. 신에게 열심히 기도를 하도록 하라.

【농축】 시운이 돕지를 않아 연달아서 재앙이 일어 날 수도 있으니 마땅히 새로운 방향을 찾아라.

【실물】 재물에 손실이 있음은 피할 수가 없겠는데 이미 지나간 것은 포기하고 앞으로라도 조심하라.

七十四　上吉　辛丁　竇禹釣折桂

두우조의 다섯 아들이 모두 과거급제 한다.

崔巍崔巍復崔巍　履險如夷去復來
身似菩提心似鏡　長安一道放春回

【聖意】　訟與病. 險而平. 名與利. 連而亨.
　　　　婚先難. 終必成. 行人至. 福自生.

【東坡解】　路途嵩險. 心却平夷. 轉凶爲吉. 終免憂疑.
　　　　更宜守正. 切莫改移. 履道坦坦. 何福不隨.

【碧仙註】　至再至三方見效. 聿然機會可重逢.
　　　　此心無愧何憂事. 謀盡終成不計功.

【解曰】　此籤重有重險. 心似平康. 凡事先難後易. 婚久方成. 病
　　　　險後安. 訟凶. 財可緩求. 行人悤悤. 萬物至春後. 諸事
　　　　轉凶成吉之象.

【釋義】　唐. 宣宗時. 則諒荒酒. 爲邪魔委于深崖中. 家人不知其
　　　　處. 默禱于神. 有履險如夷之說. 明蚤得從間道歸. 凡占
　　　　名利也. 主三數之巧. 春夏頗利. 至秋大利. 大抵人能平
　　　　其心. 正其身則吉福自臻矣.

【공명】 공(功)이 높아서 사해에 이름을 떨치게 되고 지위는 장관의 자리에 오르고 세상에 명성이 높다.

【사업】 비단과 돈다발이 문전으로 밀고 들어오니 백가지의 사업이 모두 마음같이 크게 성공한다.

【소송】 관청의 마음이 나를 돕고자 하는데 법관까지도 협력을 하려는 마당이니 순조롭게 진행된다.

【외출】 마음을 크게 갖고서 길을 나서니 길마다 기이한 향내가 진동을 하고 수레에 가득 싣고 온다.

【결혼】 천천히 진행을 하면서 마음을 얻도록 할 일이니 급하게 서두르지 않으면 마침내 이뤄진다.

【가족】 겨울과 어름에는 오히려 가족이 편안한데 새봄이 되면 더욱 안정이 될 것이니 안심하라.

【임신】 후사를 이어야 한다고 생각하는데 우선은 덕행을 쌓아야 하니 서서히 운이 돌아온다.

【건강】 경신일(庚申日)이 되면 재앙이 물러가고 백 가지 질병이 모두 사라져서 건강하게 된다.

【농축】 벼와 기장이 풍년을 이루게 되고 소와 양도 잘 자라고 있으니 나날이 늘어나게 된다.

【실물】 잃어버린 물건이 멀리 있지 않은데 잘 찾아보면 만날 수가 있으니 인내심으로 살펴보라.

| 七十五 | 中吉 | 辛戌 | 劉小姐愛蒙正 |

유씨낭자가 무명의 몽정을 짝사랑한다.

生前結得好緣姻　一笑相逢情自親
相當人物無高下　得意休論富與貧

【聖意】　財物聚. 病卽愈. 若問訟. 必遇主.
　　　　　更修善. 禱神助. 行人回. 事無阻.

【東坡解】　既有夙約. 一見如故. 所謀皆同. 事多就緒.
　　　　　何必相逢. 又分爾汝. 且順而行. 事無齟齬.

【碧仙註】　兩情如水素流通. 何況機緣舊日同.
　　　　　分外人交分外話. 如鴻遇順穩乘風.

【解曰】　此籤大吉. 凡事遂意. 功名高. 財物聚. 病卽安. 訟者得
　　　　遇清官. 婚合. 行人回. 孕生男. 更修善. 祈神佑吉也.

【釋義】　結得好緣. 言緣雖多. 得處甚少. 功名必(遂). 舊有根基.
　　　　今始得濟. 財貨如前. 無損無益. 凡百求謀有傾. 蓋如故
　　　　之人扶持無高下. 謂彼此兩平配. 若得意. 休生議論. 要
　　　　當知足. 訟必准. 終難贏.

【공명】 그대가 세상에 출세를 하고자 한다면 우선 적극적으로 공부하고 노력하여 준비를 하라.

【사업】 재물을 경영하는 운이 즐겁게 진행되는 운이니 반드시 큰 수확을 거두고 형통하게 된다.

【소송】 지극한 성심으로 기도를 하고 성실한 마음으로 소송에 임하면 반드시 편안하게 된다.

【외출】 앞으로 가야 할 길에는 광명이 비추는데 여기에 덕행을 추가한다면 어찌 이로움이 적겠는가?

【결혼】 일은 될 때를 기다려서 단김에 몰아붙여야 하나니 지금 서둘러서 인연을 맺도록 하라.

【가족】 만약 가정의 안정을 구하고자 한다면 모름지기 좋은 일을 많이 행하라. 온가족이 편안하리라.

【임신】 자식은 아무래도 늦은 시기에 올 모양이니 신불께 기도를 많이 하면 그 시간을 앞당긴다.

【건강】 건강을 위해서 기도를 하노라면 약을 먹지 않아도 점차로 기쁜 일이 생기고 의사도 만난다.

【농축】 전답의 재운은 그냥 보통인데 이익도 70%정도는 될 것이니 당연히 검소하게 운영하라.

【실물】 스스로 소홀하게 관리하여 분실한 물건 이니 이왕 잃은 것은 포기하고 앞으로나 주의하라.

| 七十六 | 中平 | 辛己 | 蕭何紏律 |

소하가 한나라의 약법삼장을 만든다.

三千法律八千文　此事如何說與君
善惡兩途君自作　一生禍福此中分

【聖意】　問公訟. 且審理. 求財祿. 當揣己.
　　　　病蚤禳. 宜求嗣. 婚更審. 方吉利.

【東坡解】　吉凶多變. 非止一端. 言不盡意. 當以心觀.
　　　　福因積善. 禍胎稔惡. 知所趨避. 宜自先覺.

【碧仙註】　訟庭有險莫求尋. 只恐憂疑亂了心.
　　　　凡事要知前定數. 但將善惡自浮沉.

【解曰】　此籤謀事. 陰人議論不盡. 當以心觀. 積善福來. 積惡禍
　　　胎. 修善避惡. 宜自先覺. 婚宜審擇. 財未遂. 病不防. 訟
　　　主凶. 宜作福. 方吉.

【釋義】　言吉凶通塞. 當遂所占之事. 以理推之. 如作善降祥. 作
　　　不善降殃. 所謂此中分也. 求功名者. 初未遂. 後顯擢.
　　　凡事營謀. 有二條路. 占者宜審決於善趨惡避. 切莫貪取
　　　躁進. 大抵先憂後喜也.

- 【공명】 아직도 내공이 부족하니 노력을 한 만큼의 더 많은 공부를 한 다음에 바라다 봐라.
- 【사업】 오롯이 마음을 모아서 세월이 흐르면 재물이 늘어나겠으니 중요한 것은 좀 더 검소하라.
- 【소송】 하늘이 하는 일이니 다시 새로운 봄을 기다려 보면 스스로 반가운 소리를 듣게 될 것이다.
- 【외출】 흐르는 물에 배를 띄우고 순풍을 타고 누비고 다니다가 여름이 되기 전에 귀가한다.
- 【결혼】 진심으로 노력하고 정성으로 기다리면 내년 봄이 올 적에 인연을 만나게 된다.
- 【가족】 가족들은 별 문제없이 잘 지내고 있지만 내년 봄이 되면 더욱 좋은 시절이 도래하게 된다.
- 【임신】 자식을 얻어서 대를 잇고자 한다면 덕을 쌓고 공을 들여야 하니 그 다음에 희망이 있다.
- 【건강】 의사가 마음을 모아서 치료를 하면 나을 병이니 정성을 기울이면 반드시 병이 낫는다.
- 【농축】 이제 바꿀 때가 되었으니 옛일은 잊어버리고 새로운 방향으로 시도하면 다시 왕성하게 된다.
- 【실물】 잃어버린 물건은 잃어버린 물건이니 생각하지 말고 앞으로나 잃지 않도록 조심해서 지켜라.

七十七　下下　辛庚　呂后害韓信

여후가 한신을 속여 궁으로 유인하여 죽인다.

木有根荄水有源　君當自此究其原
莫隨道路人閒話　訟到終凶是至言

【聖意】　訟當戒. 病宜禳. 名不利. 婚難老.
　　　　防口舌. 行未到. 凡事謹. 莫輕躁.

【東坡解】　禍因惡積. 當究其源. 最宜向善. 病保安存.
　　　　　自當謹愼. 勿信人言. 若有偏徇. 禍及家門.

【碧仙註】　口是禍之因. 人言有過迍.
　　　　　訟則終不利. 謹守福隨身.

【解曰】　此籤先凶後吉. 根原已定. 不可妄爲. 自宜謹愼. 禍去福
　　　　來. 訟當審. 財利無. 婚不好. 有口舌. 行人未至. 病猶可
　　　　禳. 凡事不可信人. 自宜省察. 免災也.

【釋義】　善者福之本. 惡者禍之本. 讀書積蓄. 求名利之本. 無其
　　　　本而欲名成利. 就福得禍遠. 難矣. 然又當推其既往. 驗
　　　　其將來果. 目前之得而吉. 則今日亦得而吉. 目前之失而
　　　　凶. 則今日之失亦凶. 凡事皆然. 不可不愼言. 不可聽.
　　　　訟不可成. 目下求財. 不可得.

【공명】 어찌 하늘이 백성을 몰래 돕지 않으랴 지극정성으로 적선을 한다면 흉이 변하여 길이 된다.

【사업】 정당한 길에 마음을 두고 어린아이 같은 마음으로 남을 속이지 않으면 대흉은 피하리라.

【소송】 서로 합의하는 것보다 귀한 것이 없으니 반드시 여기에서 멈춰야 한다. 아니면 크게 상한다.

【외출】 곧은길로 나아가면 이롭지 않을 이유가 없으니 반드시 진행을 할 수가 있다.

【결혼】 지금 묻는 인연은 불길하니 비록 잠시는 서로 사랑을 하게 될 지라도 오래 살기는 어렵다.

【가족】 흉함이 극에 달하면 다시 길함으로 바뀌는 법이니 천천히 기운이 감돌면 다시 경사가 있다.

【임신】 절대로 비교하여 다투지 말고 뜻을 자비심에 둔다면 반드시 임신하여 아들을 둘 것이다.

【건강】 일단 기도를 하는 것이 상책이다. 약은 마땅치 않으니 기도로 전기를 마련한 다음에 보자.

【농축】 마음을 다해서 밭을 갈고 씨를 뿌리고 힘을 쏟으면 바야흐로 이익이 서서히 발생한다.

【실물】 눈 앞의 조그만 이익이야 잃어버리는 것이 큰 손실은 아니니 앞으로 더욱 주의하라.

七十八 下下 辛辛 袁安寸困

후한의 재상인 원안도 어려서는 곤궁했다.

家道豐腴自飽溫　也須肚裏立乾坤
財多害己君當省　福有胚胎禍有門

【聖意】　莫貪財. 能害己. 休鬩訟. 當知止.
　　　　病禱神. 孕生子. 婚擇良. 行未至.

【東坡解】　家道昌盛. 猶宜謹守. 自立主張. 祈求獲佑.
　　　　　輕財重道. 方能長久. 善善惡惡. 自作自受.

【碧仙註】　一人會處一人事. 莫管他人閑是非.
　　　　　若能作福求安靜. 雖否還能轉福機.

【解曰】　此籤家道雖然昌大. 亦宜謹守. 不可倚強欺弱. 主有口舌
　　　　是非. 財多害己. 不可妄求. 只宜集善去惡. 財莫貪. 訟
　　　　亦休. 問婚不宜. 行未回. 病求神. 休妄想也.

【釋義】　肚裏乾坤謂自主張也. 可行則行. 可止則止. 一事三思.
　　　　切勿貪戀. 胚胎有門. 言一善一惡. 俱是人之所爲. 功名
　　　　有分. 終必不失. 目下求財不利. 尤宜謹省.

【공명】 팔자가 나쁜 사람이 망상을 하는 것은 흉한 일에 속하니 헛된 꿈을 버리고 방향을 바꿔라.

【사업】 온갖 궁리를 다 하느라고 심신이 지치고 피곤하다고 하더라도 맘대로 안 되는 것이 운명이다.

【소송】 정직하고 허물이 없다면 무슨 고민을 하겠는가만 사람과 다투는 것은 이제 멈춰야 한다.

【외출】 대문 밖에만 나가더라도 집 안에 있는 것만 못한데 어딜 가서 무얼 하겠다는 말인가?

【결혼】 말이나 소와 같은 상대방을 놓고서 백년가약을 생각한다는 것은 얼음과 숯이 서로 만남이다.

【가족】 해운도 나쁘고 월운도 이두우니 때가 무척 좋지 않은 시절이라 다시 천천히 준비하여 도모하라.

【임신】 자식을 얻고자 한다면 황하의 물이 맑아지기만 기다리면 될 것이니 신을 만나 간절히 구하라.

【건강】 엎드려도 아프고 누워도 아파서 고통을 참을 길이 없으니 흉함은 많고 길함은 적다.

【농축】 농사를 지으려도 땅이 협조를 하지 않으니 모두가 초췌하고 볼품이 없다. 다음을 기약하자.

【실물】 재물이 떠나가고 물건도 떠나가니 마음으로 생각히는 것도 허락하지 않는다. 잊어라.

七十九　　中平　辛壬　宋神宗誤圩牛頭山

신종이 우두산의 명당을 찾다가 실패했다.

乾亥來龍仔細看　坎居午向自當安
若移丑艮陰陽逆　門戶凋零家道難

【聖意】　名與利. 依理求. 婚與訟. 莫妄謀.
　　　　病擇醫. 方無憂. 行人至. 慮且休.

【東坡解】　立宅安墳. 當明正向. 龍穴雖吉. 向差則病.
　　　　凡百謀望. 南向則善. 一或他向. 恐不如意.

【碧仙註】　天然得個好規模. 心計雖靈莫改圖.
　　　　妄作妄謀終是拙. 吉凶分界莫岐趨.

【解曰】　此籤凡事宜依理順行. 不可妄意強求. 反招禍患. 如相地
　　　　者. 一乾亥來龍. 自以坐坎向午爲順. 若獨執偏見. 改作
　　　　丑艮坐穴. 是爲陰陽背逆. 豈不致門戶凋零之咎乎. 此以
　　　　見. 吉可趨. 凶可避. 愼無顛倒錯亂. 自貽伊慼也.

【釋義】　此以羅經方位比喻也. 言乾亥位居西北. 來龍由此脈. 甚分明. 坎爲正北. 子
　　　　位. 午爲正南. 離位. 坐坎向離. 自與乾亥. 來龍有陰陽交媾之美. 安穩奚疑.
　　　　若丑艮位居東北. 則與乾亥陰陽相反. 奈何移穴坐此. 豈非自是其愚乎. 門
　　　　戶凋零. 丁口不旺也. 家道難. 財產退也. 人不可逆理數以妄行. 斷斷明矣.

【공명】 소년의 시절에는 지지부진하여 갑갑하지만 늦은 풍경은 영화로우니 나중에 발복할 조짐이다.

【사업】 사심없이 장사를 하다가 보면 때가 되어서 자연히 발전을 할 것이니 서두르지 말라.

【소송】 상대방은 왕성한데 나는 무력하여 힘이 말랐으니 그를 따르면 근심을 할 일이 없겠다.

【외출】 나갈 수도 있고 들어올 수도 있는데 결국은 이익이 없는 일을 도모하고 있는지 잘 살펴라.

【결혼】 둘이 양이거나 혹은 둘이 음이 되어서 음양의 조화가 맞지를 않으니 배필이 되기는 어렵다.

【가속】 때로는 구설도 있겠지만 현명하게 대응하면 큰 무리가 없이 결국에는 안정을 얻게 된다.

【임신】 공을 많이 쌓아서 하늘이 몰래 돕는 마음을 일으키니 이때가 되었을 때 귀한 아들이 온다.

【건강】 당장은 이로울 것이 없지만 의사를 잘 찾아서 치료를 받으면 바야흐로 안녕을 얻게 된다.

【농축】 시절의 운세는 그저 평평하니 농작물이나 가축이 모두 무난하지만 큰 수확을 보기는 어렵다.

【실물】 이미 잃어버린 물건이지만 천천히 찾아보면 반드시 다시 찾아내게 된다.

八十　中平　辛癸　陶侃卜牛眠

도간이 우면지 명당에 부친을 이장하다.

一朝無事忽遭官　也是門衰墳未安
改換陰陽移禍福　勸君莫作等閒看

【聖意】　名與利. 宜改圖. 訟和解. 保無虞.
　　　　病更醫. 行漸回. 婚別配. 莫輕爲.

【東坡解】　風水不利. 門戶衰蹇. 致招殃咎. 有此禍變.
　　　　　急宜速改. 避惡向善. 若能戒意. 庶幾脫免.

【碧仙註】　禍福無門咎有因. 免求地理與星辰.
　　　　　若能積善祈天佑. 禍自消除福自新.

【解曰】　此籤. 凡謀望. 宜謹守. 作善求保. 禍去福來. 防出入. 訟非牽連. 卽宜和解. 病有鬼. 擇醫作福. 行人回. 婚別議. 財宜防. 小人侵失. 名利虛. 莫輕爲也.

【釋義】　言禍福無門. 惟人自召. 急宜趨善避惡. 方保無禍. 忽遭官. 言求名之人. 忽然得官. 移禍作福. 有非等閒. 凡事當改圖. 否則事成難改. 禍到難移也. 爲客者. 防風水之患. 在家防火盜之厄. 官訟. 是非之累. 過十日後. 庶乎可免.

【공명】 공명을 이룰 인연이 없건만, 어려서의 꿈을 늙을 때까지 버리지 못하니 지금 바로 바꿔라.

【사업】 무엇인가를 하겠다는 것이 애초에 무모한 일이니 모두가 그림의 떡이 될 뿐이다.

【소송】 급하게 서두르는 것만 없어도 큰 액운은 면하겠는데 하늘이 선량한 사람을 도우니 해결된다.

【외출】 문을 나가는 것은 이미 손해를 예고하는 것이라고 생각하고 그냥 문을 걸어 잠그고 기다려라.

【결혼】 두 사람이 만난다고 해서 인연이 되는 것은 아니므로 물과 기름이 만났다고 보면 된다.

【가족】 올해는 대체로 무난하여 나아갈 것도 없고 물러날 것도 없는 상태이니 근신하고 자중하라.

【임신】 부지런하고 절약하며 조신한다면 태몽에 곰을 보게 되고 마침내 아이를 얻어 기뻐하게 된다.

【건강】 상태가 나쁜데도 그냥 그러고 있으니 빨리 의사를 바꾸고 신을 향하여 기도하면 호전된다.

【농축】 봄이나 여름에는 무난하지만 가을부터 좋아져서 겨울에는 수확이 좋으니 검소하게 생활하라.

【실물】 아무리 넓은 곳을 찾아봐도 이익이 없지만 그냥 기다리고 있으면 나중에는 돌아오게 된다.

八十一　中吉　壬甲　寇公任雷陽

구준이 뇌양으로 부임하여 현정을 베푼다.

假君財物自當還　謀賴心欺他自奸
幸有高臺明月鏡　請來對照破機關

【聖意】　訟莫欺. 依本分. 病遇醫. 名休問.
　　　　婚愼求. 事審辦. 孕保安. 行人鈍.

【東坡解】　負人財物. 欺賴自奸. 幽有鬼神. 顯有清官.
　　　　　一朝照破. 難逃其禍. 每事依心. 無施不可.

【碧仙註】　本分兩字. 合天合地.
　　　　　若有虧心. 神明共棄.

【解曰】　此籤先難後易. 欺人自欺. 反惹其禍. 只可修心向善. 暗有神明佑護. 不可妄爲. 訟終凶事莫想. 休求名利. 婚宜審可也. 病者醫. 行人緩. 風水遷改. 孕生女. 求財依本分.

【釋義】　凡事在前半月. 占者防小人侵害. 財物欺賴在後. 半月占者主訟得理. 財得利. 病得脫. 要當事. 莫相欺也.

【공명】 헛되이 공명을 구할 것이 아니라 이미 인연이 아니라고 생각하고 다른 방향으로 노력하라.

【사업】 살피고 조심하면서 진행은 하겠지만 지금의 운으로는 성과를 얻기가 어려우니 지키기만 하라.

【소송】 남을 속일 수는 없는 일이니 하늘이 멍청하지 않은 까닭이다. 스스로 기도를 하라.

【외출】 앞으로 가는 길이 험난하고 가파른데 힘써 가봐야 이익도 없고 오히려 손실만 일어난다.

【결혼】 팔자를 보니 지금은 결혼을 물을 때가 아니로다. 그냥 기다리면서 바둑이나 한 판 두라.

【가족】 집인의 운명은 그냥 무난한 정도인데 뭔가 화목을 위해서 분발하게 된다면 새봄에는 좋다.

【임신】 자식을 얻어서 행복한 풍경을 보려고 한다면 우선 스스로 적선하고 덕을 쌓아야 가능하다.

【건강】 다행히 의사를 만나겠는데 차차로 약을 쓰면서 병도 완화되어가니 조심해서 보양하라.

【농축】 가축들도 무사하고 농작물도 그러한데 무리하지는 말고 근검하고 절약하여 유지하라.

【실물】 실물은 멀리 갔는데 인내심으로 찾아본다면 다시 돌아 올 가능성도 있다.

八十二　　上吉　　壬乙　　宋仁宗認母

인종이 자신의 모친을 알게 되었다.

彼亦儔中一輩賢　勸君特達與周旋
此時賓主歡相會　他日王侯却並肩

【聖意】　財必獲. 名遇薦. 訟得理. 病有願.
　　　　婚可成. 行必見. 發福祿. 由積善.

【東坡解】　事有相干. 宜與效力. 君既周旋. 他必報德.
　　　　　凡所謀爲. 遇貴方得. 神力陰扶. 福報有日.

【碧仙註】　凡事成全必有因. 交情初淡後相親.
　　　　　貴人提起無難力. 君子相逢便認眞.

【解曰】　此籤大吉. 凡事謀望. 無不遂意. 婚必合. 財必遂. 名遇薦. 行人至. 病有願未還. 訟得理. 孕生子. 風水利. 家道昌. 貴人提挈. 當在平日所交處. 故彼此相逢. 不求自至也.

【釋義】　言占者當推己及人. 能處事周旋可獲厚報. 能謹愼擇人可獲倍利. 若問功名. 能先自治己身. 則人之薦舉. 有不能逃矣.

【공명】 비로소 나를 알아주는 사람을 만났으니 큰 힘이 되어 주고도 남는다. 결국 공명을 이루게 된다.

【사업】 사람을 고용하였을 적에는 모름지기 의심을 하지 않으면 재물의 근원이 저절로 갖춰진다.

【소송】 귀한 사람들이 와서 나를 도와주려고 하는데 내 마음도 잘 닦았으니 어찌 이기지 못할까.

【외출】 앞으로 나아가는 길이 순풍에 돛을 달고 있는 형국이니 동료의 도움으로 가득 싣고 돌아온다.

【결혼】 친척이 소개를 해 주는 자리라고 하는데 재물까지도 반갑게 따라오니 행복은 당연하다.

【가족】 온 가족이 모두 화목하고 일하는 사람들도 재물을 보태주니 반드시 경사가 겹치게 된다.

【임신】 아들도 얻고 딸도 얻으니 모두가 귀한 자식이 되어서 가문을 지키는 기둥이 된다.

【건강】 화타와 같은 의원을 만나서 어떤 병이라도 치료를 하게 되니 시간이 흐르면서 건강하게 된다.

【농축】 창고는 이미 가득하게 곡식이 쌓였고 벼를 담을 곳간이 더 필요하니 3년은 걱정이 없다.

【실물】 함께 있으면서 마음노 통하는 깃이니 잃었다고 하더라도 오래지 않아서 찾아내게 된다.

| 八十三 | 下下 | 壬丙 | 諸葛孔明學道 |

제갈공명이 도를 배운다.

隨分堂前赴粥饘　何須妄想苦憂煎
主張門戶誠難事　百歲安閒得幾年

【聖意】　名與利. 難遽致. 訟宜和. 行未至.
　　　　病瘥遲. 婚莫議. 能守待. 家必利.

【東坡解】　好事隨緣. 莫貪莫競. 且宜守成. 庶保安靜.
　　　　若更妄求. 必主多憂. 何如退省. 以遂優游.

【碧仙註】　守己當知事莫爲. 莫將心術肆凌欺.
　　　　依然舊日規模好. 休聽閒人說是非.

【解曰】　此籤宜守成. 不可妄爲. 凡事且隨緣分. 不宜出行. 婚未成. 財莫貪. 名利休問. 訟宜和. 病未痊. 六甲保. 墳宅改移. 安分謹守持家. 方吉利也.

【釋義】　大抵妄想則貪求. 貪求則取禍. 人生百歲. 其中無禍無虞. 安亨和平之福者. 能有幾時. 占者當退却一步. 坐食饘粥以待時至. 主張門戶誠難事者. 蓋言繼述無人. 所以不得相助有成也.

【공명】 여러 해를 공부한다고 마음을 썼지만 괜히 헛된 수고를 한 셈이니 이제라도 포기함만 못하다.

【사업】 마음만 급하다고 되는 것이 아니라 시운이 도와줘야 하는데 지금은 그 운이 아니다.

【소송】 운명이 이미 기울고 있으니 모든 일들이 뒤죽박죽이다. 감옥을 가게 될까 두렵다.

【외출】 어디를 향하더라도 불리한 일 뿐이라 떠돌아 다녀봐야 의지를 할 곳이 없으니 집을 지켜라.

【결혼】 호랑이 두 마리가 서로 싸우고 있으니 반드시 한 쪽은 중상을 입을 것이므로 배필이 아니다.

【가족】 외롭고 힘은 드는데 재미도 없고 가족이라고 하지만 남보다 못하니 의지를 하기 어렵다.

【임신】 자식을 얻어 보려고 한다면 푸른 하늘을 바라보고 기도해야 할 것이니 빨리 덕을 쌓아라.

【건강】 스스로 병을 만들어서 스스로 고통스러워하는데 후회를 하더라도 시간이 걸리니 기도를 하라.

【농축】 솥에다가 물고기를 키우고 눈에 뜨거운 물을 붓는 것과 같으니 무엇 하나 될 조짐이 없다.

【실물】 전생에 조금 얻어먹은 것이 금생에는 큰 빚이 되어 되갚는 것이야 당연하지 않겠는가?

八十四　中平　壬丁　須賈害范雎

수가는 종자인 범휴를 모해하여 누명 씌웠다.

箇中事緒更粉然　當局須知一著先
長舌婦人休酷聽　力行禮義要心堅

【聖意】訟宜解. 莫信讒. 財緩求. 名莫貪.
孕生女. 行人還. 婚更審. 莫妄攀.

【東坡解】萬事一理. 各有先見. 莫聽人言. 激成多變.
依理而行. 禍自可免. 當堅乃心. 毋或退轉.

【碧仙註】理煩治劇有先幾. 莫聽讒言是與非.
任爾風濤千萬狀. 漁翁穩坐釣魚磯.

【解曰】此籤占之. 謀望平心. 禍去福來. 若強求. 福轉生禍貽.
病則安. 訟宜和. 休聽讒言. 財有失. 名勿貪. 婚莫強求.
行人至. 或有失物. 隨機應變. 可得陰人. 切莫交言. 須
謹愼也.

【釋義】言事之未來. 既要先見. 又要豫圖. 莫聽人言. 致生變
故. 名利進步. 則得遲疑. 則失愼. 勿貪取. 依理而行. 隨
機而應. 不患眾事之紛也. 長舌婦人是陰人之言. 決不可
聽也.

【공명】 지금 당장이야 모두가 막혀있어서 갑갑하겠지만 나중에는 운이 열리니 고생을 한 보람이다.

【사업】 지금 당장은 마음대로 되지 않겠고 올해도 시간은 그냥 흘러가지만 반드시 성공하게 된다.

【소송】 보이지 않는 곳에서 길인이 나를 지켜보고 있으니 비록 험난해 보이더라도 결과는 좋아진다.

【외출】 문밖에 나가봐야 험난한 것은 분명한데 구태여 고집 부리고 나갈 필요가 없는 일이다.

【결혼】 두 사람의 팔자를 본다면 어찌 배필이 될 수 있다고 말을 할 수가 있으랴 싶다. 잊어버려라.

【가족】 지금은 아무래도 갈등이 좀 있겠지만 찬바람이 불어올 때에는 화합하고 좋은 일도 있겠다.

【임신】 몸을 잘 다듬고 가꿔서 아기를 키울 마음의 준비를 한다면 반드시 아름다운 인연이 열린다.

【건강】 진실한 마음으로 몸을 잘 관리하면 먼저는 근심이라도 나중에는 편안한 나날이 열린다.

【농축】 봄이나 여름에는 그저 그렇지만 가을의 이익으로 겨울에 먹고 살 수가 있으니 다행이다.

【실물】 잃어버린 것은 조금이고 얻은 것은 많으니 원망하고 후회를 할 필요는 없다. 또 돌아온다.

八十五　中平　壬戌　姜女尋夫

장성축조에 끌려간 남편을 맹강녀가 찾는다.

一春風雨正瀟瀟　千里行人去路遙
移寡就多君得計　如何歸路轉無聊

【聖意】　且隨分. 莫貪財. 訟宜息. 防外災.
　　　　 婚不利. 遠行回. 禱神助. 福自來.

【東坡解】　時之未遇. 歷涉艱苦. 巧計雖多. 終於無補.
　　　　　且宜守舊. 免致招災. 己成長保. 禍去福來.

【碧仙註】　貪得不知義. 財多是禍胎.
　　　　　若能隨本分. 時到花便開.

【解曰】　此籤只宜守舊. 不可妄想. 若欲強取財物. 必致招禍. 訟可避. 病多困. 遠行回. 婚不吉也.

【釋義】　時有四季. 不獨一春. 每季之首. 卽謂一春. 占者利遠行. 洵爲光顧. 但小事則利. 大事則不利. 風雨瀟瀟豈真風雨瀟瀟哉. 蓋言是非疾病紛紛交至也. 始雖用計. 終反有損. 凡利所在不可痴心強取. 後必有災. 歸路無聊主行有阻滯. 不宜妄想. 庶得保身之道也.

【공명】 지금 당장은 뭔가 될 것처럼 보이지만 나중의 운이 쇠약할 조짐이니 무리하지 말고 안정하라.

【사업】 뭔가 될 것처럼 보여서 탐을 내게 되면 조금의 이익이 있지만 정작 큰 이득은 사라진다.

【소송】 운명의 조짐에 관재수가 끼어들었으니 무슨 일인들 마음대로 될까. 그냥 근신하고 포기하라.

【외출】 문 앞으로 나가는 순간부터 고통은 시작되는 것이니 밖을 내다보지 말고 방에서 기다려라.

【결혼】 과거의 인연은 모두 끝났고 다음의 인연은 아직 오지 않았으니 급한 마음을 쉬고서 기다려라.

【가족】 가족들이 모두 뿔뿔이 흩어지는 시간이니 마주 바라보기도 어려운데 매사가 이러하다.

【임신】 고통과 인내심으로 아이를 보고자 하는 마음은 간절하지만 그것도 때가 되어야 열매가 열린다.

【건강】 조금은 나아질 것 같으니 마땅히 조심하고 삼가 하지 않으면 다시 악화되어서 고치기 어렵다.

【농축】 소나무와 대나무의 가지가 말라 들어가니 아무리 기르려고 해도 되지 않는다. 새롭게 바꿔라.

【실물】 아무래도 찾을 방법이 없어 보인다. 다시 찾을 필요도 없으니 다음에나 조심해서 지켜라.

| 八十六 | 上吉 | 壬己 | 管鮑爲賈 |

관중과 포숙아가 함께 장사를 한다.

一般行貨好招邀　積少成多自富饒
常把他人比自己　管須日後勝今朝

【聖意】 財祿富. 訟得理. 婚和合. 病漸止.
　　　　問行人. 歸未矣. 莫害人. 人卽己.

【東坡解】 同時經營. 皆欲成家. 將人比己. 不得矜誇.
　　　　　自然天佑. 福祿亨嘉. 更宜方便. 錦上添花.

【碧仙註】 莫將心膽用偏欺. 更行方便兩相宜.
　　　　　似此謀爲須進步. 若還獨力莫扶持.

【解曰】 此籤凡事先難後易. 求財有. 婚必成. 功名小. 失物在. 訟
　　　　得勝. 病漸安. 行人未. 風水好. 孕生男. 求福保. 莫害他
　　　　人. 反害自己也.

【釋義】 說求名利者. 目下漸好. 後必大利. 如錦上添花. 有可厚
　　　　獲然. 必恕以待人. 公以持己. 戒其躁率輕易之意. 則天
　　　　佑之. 福祿薦臻. 財必增益. 無不遂意矣.

【공명】 지금의 당신이 앞으로는 복록을 넉넉하게 받아서 원하는 대로 소원성취하고 만사형통한다.

【사업】 재물의 운이 바야흐로 형통하고 있어서 백 가지의 일들이 뜻과 같이 이뤄지니 잘 풀려간다.

【소송】 평소에 항상 선한 일을 행하였으니 귀인이 늘 붙어서 도움을 주게 되어 송사도 유리하다.

【외출】 어디를 가더라도 문 밖을 나가면서부터 좋은 기운이 전개되니 가득 싣고서 돌아오게 된다.

【결혼】 남편을 돕고 자식을 기르는 일을 잘 맡으니 일마다 순일하여 부부가 백년해로를 하게 된다.

【가족】 가족들이 모두 편안하고 가운도 순조로우니 온갖 일이 모두 마음대로 진행이 된다.

【임신】 완벽한 운이라고 하겠으니 아들을 원하면 아들이 되고 딸을 원하면 딸이 되어서 효도한다.

【건강】 좋은 의원을 만나서 약을 먹지 않아도 병이 나을 것이니 어떤 병이라도 치유가 된다.

【농축】 전답의 재물 운이 왕성하게 뻗어가니 풍년이 되어서 곡간이 가득하게 들어차게 된다.

【실물】 그대의 운이 이제야 바람직하게 불어나가기 시작하는데 재물인들 어찌 도망을 가겠는가?

八十七　中平　壬庚　武侯與子敬同舟

공명과 노숙이 같은 배를 타고 있다.

陰裏詳看怪爾曹　舟中敵圖笑中刀
藩籬剖破渾無事　一種天生惜羽毛

【聖意】　名利無. 病有祟. 訟莫興. 和爲貴.
　　　　　莫貪財. 婚不利. 孕無憂. 行未至.

【東坡解】　骨肉乖張. 操戈入室. 面上春風. 胸中荊棘.
　　　　　　何不思維. 人己則一. 若能和同. 變凶爲吉.

【碧仙註】　自家何必操弋戟. 若有平生便釋然.
　　　　　　所在所爲天地見. 陰消漸弭可無愆.

【解曰】　此籤先凶後吉. 凡事要和同. 可免是非. 病有祟. 未安.
　　　　　訟傷手足之親. 只宜和解. 防暗箭. 求財遂. 却被相熟之
　　　　　人耗散. 婚有變. 不合行人. 未卽至也.

【釋義】　言人受形父母. 初無少異. 譬如桃仁. 則生桃枝. 亦不變
　　　　　種而生. 故占者當愼惜鳥毛. 養成飛騰之具. 則去貧賤而
　　　　　受富貴矣. 占此主骨肉猜忌. 小人侵害. 苟能大公無我.
　　　　　取信於人. 則自可免. 尙宜愼之.

【공명】 출세를 하려고 꿈을 꾸고 있다면 먼저 해야 할 일은 윤리와 기강을 배운 다음에 꿈꿔라.

【사업】 형제와 한 마음이 되었다고 해서 누런 흙도 금덩이로 변하게 되나? 말이 안 되면 쉬어라.

【소송】 형제가 서로 마음을 합하면 호랑이라도 때려잡을 수가 있을까? 그러다가 후회만 한다.

【외출】 집에 있으면 속이 시끄럽지만 밖으로 나가면 속이 다 시원할 것이니 뜻을 이루고 돌아온다.

【결혼】 아무리 좋은 뜻이라고 해도 결혼에 대해서는 묻지 말라. 당장 흉한 일이 나타날 것이다.

【가족】 가문의 기운이 순탄하고 가족들은 모두 마음이 편안하니 모든 일이 순조롭다.

【임신】 옥의 밭에서 귀한 옥을 얻었으니 반드시 멋진 자식을 얻어서 기쁜 소식을 접하게 된다.

【건강】 속이 검은 사람이 일찍이 복을 지었겠는가? 아마도 위태로운 지경에 봉착하게 될 것이다.

【농축】 전답이나 가축이 모두 무난한 시기이며 가정은 더욱 왕성하니 올해는 남는 것이 있겠다.

【실물】 쓸데없는 이야기에 신경 쓰지 말고 마음을 합쳐서 욕됨을 참으면 근심하지 않아도 되나니.

八十八　上吉　壬辛　高文定守困

고문정이 곤궁함을 지키면서 견디고 있다.

從前作事總徒勞　纔見新春時漸遭
百計營求都得意　更須守己莫心高

【聖意】　名與利. 且隨緣. 訟解釋. 病安痊.
　　　　婚姻合. 行人還. 若謀望. 在新年.

【東坡解】　平生勞苦. 百事無成. 時運將泰. 謀望稚情.
　　　　　更宜謹守. 貪心莫生. 隨緣受用. 坐亨安榮.

【碧仙註】　貪心莫起且隨緣. 營謀勤謹要心堅.
　　　　　但得時運亨泰日. 富貴榮華萬事全.

【解曰】　此籤上吉. 名與利. 且隨緣. 婚亦合. 訟和釋. 墳宅安. 生貴兒. 且守己. 莫貪心. 名利在. 春間好. 夏秋冬平凡. 謀望待時. 稱心也.

【釋義】　言自今以前. 作事空勞. 無所成就. 纔交新春. 凡百謀爲. 皆得遂意. 寅卯辰屬春. 但名利不獨春間有得. 凡遇寅卯辰年. 亦無不利. 占者但當謹守. 不可肆意妄爲也.

【공명】 관운이 이미 통달하였으니 공명을 이룰 기회는 멀지 않았으니 벼슬하여 출세하게 된다.

【사업】 봄 바람이 훈훈한 기운을 전해주니 봄이 되면 사업도 발전하게 되어 곳곳에서 재물이 들어온다.

【소송】 귀인이 나를 지켜주려고 감싸고 있으니 흉함을 만나도 길함으로 변하여 잘 해결이 된다.

【외출】 이번에 나가면 뜻을 이뤄서 큰 이익을 얻어 노래를 부르면서 가득 싣고 돌아오게 된다.

【결혼】 이뤄질 것은 혼인만이 아니고 그 다음에 백년해로를 할 것도 예정되어 있나니 좋은 인연이다.

【가족】 어른과 어린아이가 모두 편안하고 화사한 기운이 가정에 가득하여 집안이 화목하다.

【임신】 귀한 옥을 희롱하는 경사가 있으니 처음이나 끝이나 하늘이 준 아들을 만나게 된다.

【건강】 신선이 먹는 선약을 얻었으니 신의를 만나서 반드시 병이 씻은 듯이 나아지게 된다.

【농축】 닭도 왕성하게 알을 낳고, 기장도 무럭무럭 잘 자라고 있으니 저축을 할 수 있는 분위기이다.

【실물】 잃어버린 물건은 멀리 가지 않았으니 찾으면 바로 나올 것이며, 다시는 잃지 않도록 하라.

八十九　中吉　壬壬　班超歸玉門關

세계를 유람한 반초가 옥문관으로 돌아온다.

樽前無事且高歌　時未來時奈若何
白馬渡江嘶日暮　虎頭城裏看巍峨

【聖意】名未得. 財尙遲. 病漸愈. 歸有期.
　　　　訟可解. 孕無危. 婚和合. 緩則宜.

【東坡解】時運未遇. 且自開懷. 年月逢午. 好事方來.
　　　　　雖臨晚景. 掀轟一廻. 衆人聳看. 積粟多財.

【碧仙註】笑面有刀. 一生徒勞.
　　　　　等得時來. 日落天高.

【解曰】此籤占之. 功名晚. 財穀遲. 訟必和. 婚主緩. 惟宜行人
　　　　逢丑午酉回. 病若喜治醫. 謹防杯酒後口舌. 凡事先難後
　　　　易. 可守己也.

【釋義】言時雖未遇. 但當優游自處. 得至晚景. 遇午年月日各利
　　　　大遂. 衆人欽仰. 財帛滿盈. 但所恨者. 時之不多. 占者
　　　　得此. 當公道持身. 人不敢犯. 杯酒之間. 宜防口舌.

【공명】 오랜 세월을 부지런히 연마한 학문이니 안심하고 때를 기다리노라면 반드시 출세한다.

【사업】 취급하는 물건들이 모두 인연이 좋으나 앞으로도 신중하게 선택하면 재물의 운이 길하다.

【소송】 복덕성이 높이 비춰주고 있는데 무슨 일이라도 해로울 것이 없으니 귀인이 와서 돕는다.

【외출】 나그네로 떠나는 길에 좋은 인연을 만나게 될 것이니 밖에 나가면 반드시 성공하게 된다.

【결혼】 이미 좋은 인연으로 결합이 되었으니 양가의 친척조차도 결합이 되어서 화목하게 된다.

【가족】 온 가족이 모두 화목하니 기정에 화합의 기운이 넘치게 되어 웃음소리가 끊이지 않는다.

【임신】 오랫동안 덕을 쌓았는지 두 아들을 동시에 얻었는데 모두 큰 인물이 되니 가문의 영광이다.

【건강】 길한 별이 높이 비춰주어 병이 많이 나았지만 끊어지지 않으니 의원을 바꿔서 완치하라.

【농축】 가축들이 왕성하게 번식하고 벼도 잘 여물었으니 이제 저장만 하면 될 일이 남았다.

【실물】 방심하지 말고 잘 갈무리를 하면 큰 낭패는 당하지 않을 것이다. 잃어버려도 이내 찾는다.

九十　　中平　壬癸　楊文廣陷柳州

정벌하던 양문광이 유주에서 함정에 빠졌다.

崆峒城裏事如麻　無事如君有幾家
勸汝不須勤致禱　徒勞生事苦咨嘆

【聖意】　訟和吉. 求財無. 婚未成. 病無虞.
　　　　信未至. 勿他圖. 不須禱. 守規模.

【東坡解】　人事擾擾. 君獨清閑. 不必瀆神. 妄求多般.
　　　　　反招口舌. 惹起禍端. 急宜靜守. 以保平安.

【碧仙註】　在家安分好. 莫笑別人難.
　　　　　若是貪憎痴. 身遭羅網間.

【解曰】　此籤. 謀望事艱難. 家門招禍愆. 訟必和爲貴. 愼勿聽人言. 求財決定失. 問病也無安. 懷孕宜早保. 行人無信還. 若問婚姻事. 渾如過險山.

【釋義】　言似有事而實無事. 占者但當主靜. 不可貪圖. 雖勤致禱. 終無所益. 謂之曰. 禱者以其邀福也. 殊不知. 福降於作善之人. 若去妄求. 則禍隨時而至矣. 崆峒在高平縣. 凡城居之家. 必然多事. 豈特崆峒爲然. 亦泛言之耳. 占者詳之.

【공명】 아무래도 공명이 이뤄지기에는 조금 부족하니 지금이라도 방향을 바꿔서 다시 시작하라.

【사업】 가을이 되면 이득이 크게 날 것이니 그때까지는 더욱 검소하고 절약하여 잘 견디도록 하라.

【소송】 소송은 화해하는 것보다 더 잘하는 것이 없다고 하겠으니 모름지기 다투지 말고 타협하라.

【외출】 어디로 가든지 이익이 기다리고 있는데 반드시 부합되는 귀인을 만날 것이니 믿음으로 모셔라.

【결혼】 가까이 있는 인연을 버리고 멀리서 찾게 되면 비로소 이뤄질 것이니 운명이 그렇게 안내한다.

【가족】 온 식구들은 편안히여 문제가 없고 가을이 되면 더욱 활기가 날 것이니 행복한 나날이다.

【임신】 마땅히 좋은 일을 많이 하여 적덕을 먼저 행한다면 마침내 경사를 얻어서 귀한 자녀를 본다.

【건강】 조바심을 내지 말고 깊은 고민도 하지 말고 너그러운 마음으로 건강을 돌보면 된다.

【농축】 닭도 잘 자라고 기장도 무럭무럭 자라고 있는데 작황을 보아하니 가을의 수확이 기대된다.

【실물】 조심조심 걸음마다 수의하고 스스로 조심하도록 하고 이미 잃은 것은 생각하지 말도록 하라.

九十一 中吉 癸甲 趙子龍抱太子

조자룡이 태자 아두를 품에 안고 탈출한다.

佛說淘沙始見金　只緣君子若勞心
榮華總得詩書效　妙裏工夫仔細尋

【聖意】　求名利. 勤苦有. 訟須勞. 終無咎.
　　　　 問婚姻. 宜擇友. 探行人. 二六九.

【東坡解】　淘沙見金. 勤苦方得. 富貴榮華. 皆是書力.
　　　　　 肯用工夫. 自然有益. 惰於經營. 終無所獲.

【碧仙註】　銳志功名. 不宜徒躁.
　　　　　 用心用力. 自有功效.

【解曰】　此籤若問功名. 勤苦方得. (病)宜審. 問財用. 自得訟. 雖勞終无咎. 行人無信(回). 難好. 有鬼. 宜求福以保之. 執事宜謹守也.

【釋義】　說先難後易. 求名利者. 主庚辛年月日得之. 非勤苦不可. 如淘沙之金. 淘之則得. 否則埋沒沙滷而矣. 占者凡事須歷洗艱難. 倍嘗辛苦. 然後志慮通達. 處事熟練. 天佑而人從矣.

【공명】 부귀의 세상이 앞으로 전개될 것이니 반드시 그대를 알아 줄 사람을 만나 출세한다.

【사업】 기연을 만나서 노력으로 행하니 장차 크게 이익을 얻어서 금의환향을 하게 될 것이다.

【소송】 하늘의 이치대로 살아가는 사람이니 점사의 조짐도 길하게 나타나서 근심하지 않아도 되겠다.

【외출】 큰 의지처가 남방에 있으니 이익도 천천히 들어오지만 반드시 이익을 얻어서 돌아오게 된다.

【결혼】 두 사람이 반드시 결합을 하게 되니 인연이 이뤄지는 것은 당연하고 여름에 더욱 길하다.

【가족】 가족이 평안해 보이고 근심도 없으니 지난해이 상황보다 더욱 즐거운 가정의 풍경이다.

【임신】 아들을 많이 얻어서 복도 많다고 칭송이 자자한데 대를 이어서 연달아 명성을 얻게 된다.

【건강】 남쪽의 바람이 흩어지고 재앙의 흔적들도 바람결에 흩어지니 당연히 건강을 되찾는다.

【농축】 가을이나 겨울에는 무난하지만 봄과 여름에는 더욱 길하게 이익이 늘어나니 재산이 늘어난다.

【실물】 남쪽에나가 물건을 잃어버렸으니 마음으로 얻고자 하면 반드시 찾을 것이니 잘 관리하라.

| 九十二 | 中下 | 癸乙 | 高祖治漢民 |

한고조 유방이 백성을 다스린다.

今年禾穀不如前　物價喧騰倍百年
災數流行多疫癘　一陽復後始安全

【聖意】 訟紛紜. 久自解. 病患多. 終無害.
　　　　財祿難. 有且待. 孕屬陽. 福終在.

【東坡解】 目下求謀. 今不如昔. 口舌疊來. 病多啾唧.
　　　　　時運尚乖. 至今不吉. 待冬至後. 方時寧息.

【碧仙註】 破財重重見. 最後不雷同.
　　　　　病主沈沈滯. 訟事必先凶.

【解曰】 此籤求財. 今不如昔. 不測疾病纏綿. 命運偃蹇. 於今不吉. 待冬至後方漸安. 訟久自解. 婚久可成. 行人無信. 病無害. 凡事待後方吉也.

【釋義】 言當謹守. 不可輕重. 交冬自然福禍降消. 漸得亨通矣. 一陽復後者. 豈必冬至後. 爲一場占者. 須推算其所占之期節候之始是也.

【공명】 먼저 하늘의 보살핌을 생각하여 연마하니 하늘이 스스로 돕는지라 결국 큰 복을 받는다.

【사업】 후덕한 마음을 갖고 있으니 반드시 큰 이익을 얻게 될 것이며 여러 일들이 성공한다.

【소송】 무슨 일이 자꾸 엉켜서 의욕을 잃게 하는데 뒤로 물러나서 사양하는 것이 가장 현명하다.

【외출】 분수를 지키고 최선을 다 한 다음에 하늘의 뜻을 기다리는 현명함이 필요한 때이다.

【결혼】 사람은 참 좋은 사람이라고 하겠는데, 안타깝게도 마침내는 이뤄지기가 어렵겠으니 아깝다.

【가족】 선한 일을 보쏘록 많이 하라고 권하게 되니 사람들이 모두 편안하면 이것은 모든 것의 으뜸이다.

【임신】 만물을 사랑하고 아낀다면 임신하여 안전하게 자랄 것이니 반드시 귀한 아들을 얻게 된다.

【건강】 몸을 잘 가꾸는 방법은 일찍부터 수양을 하는 것이 최선이니 비로소 능력이 있는 의사를 만난다.

【농축】 왕성하게 번창하거나 무력하게 쇠잔한 것이 모두 마음대로 되는 것이 아니니 주의하라.

【실물】 이미 떠나간 물건은 다시 돌아오지 않을 것이니 **후회**를 해봐야 의미가 없으니 잊어라.

| 九十三 | 中吉 | 癸丙 | 邵康節定陰陽 |

소강절이 음양오행의 이치를 정한다.

春來雨水太連綿　入夏晴乾雨又愆
節氣直交三伏始　喜逢滂沛足田園

【聖意】　財聚散. 病反覆. 欲求安. 候三伏.
　　　　　事進退. 宜作福. 婚可成. 審往復.

【東坡解】　盈虛消息. 天道之常. 春多如意. 夏却乖張.
　　　　　　直交三伏. 時運方昌. 財多積聚. 事事平康.

【碧仙註】　舉意方濃却未成. 百般阻滯隔人情.
　　　　　　直須忍耐毋求速. 至否之中有泰亨.

【解曰】　此籤謀望中有阻滯. 後必安康. 訟反覆. 久方決. 問病庚日安. 婚宜細審可成. 行人遲. 孕生女. 凡事不可強求. 靜以安身也.

【釋義】　盈虛消息. 天道之常. 吉凶禍福. 人事之常. 占此春間方得遂意. 夏主乖張. 過三伏之後方泰. 問嗣主生二子. 問病反覆. 主寅午日見凶.

- 【공명】 부귀한 가정에서 태어나서 학문도 많이 닦았는데 마침내 공명도 이루게 될 것이니 성공한다.
- 【사업】 항상 공평하게 교역을 하니 성실하게 임하여 거짓이 없어 저절로 왕성하게 발전할 것이다.
- 【소송】 운세가 왕성한 시절이니 반드시 머물만한 땅도 있겠지만 하늘의 눈이 감시한다는 것을 알아라.
- 【외출】 문을 나서면 모든 것이 순조롭게 진행되어서 좋은 인연을 만나게 되니 필히 큰 이득을 얻는다.
- 【결혼】 하늘이 맺어주는 인연이라서 가문을 일으켜 세우고 가업을 크게 키워갈 것이니 내조도 알차다.
- 【가족】 전원생활을 하는 가족들이 서로 협심하고 협력하니 반드시 화목한 가정을 이끌어 갈 것이다.
- 【임신】 아들을 구하고자 하거든 먼저 복을 지은 다음에 비로소 하늘이 잘 난 자식을 줄 것이다.
- 【건강】 덕을 쌓아서 몸을 관리하니 하늘에서도 귀한 의원을 내려 보내어 질병에서 구해준다.
- 【농축】 저절로 배부르고 등 따시니 자연히 모든 것이 순조롭고 편안하여 수행을 하며 살아간다.
- 【실물】 우연히 유실하게 되었으니 다시 구할 계획을 세워봐야 의미가 없다. 재물을 잃을 운이다.

| 九十四 | 中吉 | 癸丁 | 提結過長者門 |

제결화상이 유후장자의 문을 지나친다.

一般器用與人同　巧斲輪輿梓匠工
凡事有緣且隨分　秋冬方遇主人翁

【聖意】遇貴人. 訟得理. 財尚遲. 病未愈.
　　　　婚未成. 信尚阻. 待秋冬. 方有遇.

【東坡解】機關謀望. 人事雖同. 隨緣隨分. 心合上穹.
　　　　　秋冬時至. 遇主人翁. 藉此提攜. 凡事皆通.

【碧仙註】說道惺惺勝別人. 奈何由命不由身.
　　　　　時來方許成謀事. 若要亨通候吉辰.

【解曰】此籤謀望且隨緣分. 時運將至. 福祿自來. 切莫貪求. 安
　　　　分守己. 訟得理. 財尚遲. 病有鬼. 求福保禳吉. 孕生女.
　　　　要保吉. 行人遲. 凡事待秋冬. 方有貴人提攜也.

【釋義】言謀爲機殼. 人心所同. 要當隨緣安分. 行合天心. 則時
　　　　至心泰矣. 凡事在秋冬. 遇主事之人提攜. 勝於前日矣.
　　　　名利主先難後易. 不可妄動.

【공명】 뜻이 정직하니 하늘에서 저절로 복을 주는 것이라 일생을 부귀영화로 누리게 되는 것이다.

【사업】 분수에 맞춰서 사업을 경영하니 일생의 재물 운이 왕성하게 작용하여 넉넉하게 쌓아놓는다.

【소송】 하늘에 길인이 나를 도우려고 하고 있으니 향을 태우고 천신께 기도하면 즉시로 해결된다.

【외출】 집을 떠난 길이 순탄하고 편안하니 모든 일들이 순조로워서 반드시 크게 성공하고 돌아온다.

【결혼】 집안의 기운이 화목하고 일생을 안정되게 살아갈 조짐이니 부부가 만나서 백년해로 한다.

【가족】 가족은 편안하고 집안은 깨끗하고 길한 기운이 넘쳐나니 모든 일이 왕성하고 번창한다.

【임신】 귀한 옥을 얻은 듯이 경사로운 기운이 감도는 것을 보니 반드시 경사스러운 일이 있겠다.

【건강】 속히 스스로 마음을 다스리고 자신을 뒤돌아보고 수양하면 몸도 그 중에서 자연히 안정된다.

【농축】 소와 양이 편안하게 잘 자라고 기장과 벼이삭들도 알차게 영글었으니 아침저녁으로 이롭다.

【실물】 잃어버린 물건이 문 밖을 나가지는 않았으니 아무런 근심을 할 필요가 없이 찾아내게 된다.

| 九十五 | 中吉 | 癸戌 | 張文遠求官 |

장문이 벼슬을 구하러 멀리 갔다.

知君袖內有驪珠　生不逢辰亦強圖
可歎頭顱已如許　而今方得貴人扶

【聖意】　財發遲. 訟終折. 名晚成. 婚未決.
　　　　問遠信. 有此月. 遇貴人. 災撲滅.

【東坡解】藏器待時. 弄巧成拙. 今當晚景. 遇貴提挈.
　　　　凡事謀望. 名有時節. 福祿勝前. 自當發越.

【碧仙註】有財有祿有天福. 時未來時且待姑.
　　　　一旦有人垂手援. 謀爲萬事稱心圖.

【解曰】　此籤切莫貪求. 修心向善. 自成福助也.

【釋義】　驪珠者言難得之中有可得之機. 人之目下名利未遂. 不
　　　　可強圖. 但藏器待時. 必遇貴人扶持. 或遇辰字上. 自然
　　　　發福. 極於遠大. 凡百事. 宜守己. 又宜見機. 乃能成就.
　　　　而無失矣.

【공명】 그 마음에 발전을 해 보려고 하는 뜻이 있었으니 앞길이 유망하다. 좋은 일이 생기게 된다.

【사업】 감히 무리하여 힘쓰지 않아도 순조롭게 모든 일이 잘 풀려 갈 것이니 조심해서 길을 가라.

【소송】 돈만이 만능은 아니라는 것을 알고 이치적으로 판단하면 하늘이 좋은 결정을 내려 줄 것이다.

【외출】 너무 크게 바라는 것은 이뤄지기가 어렵고 조금 바라는 것은 가능하니 조심조심 움직여라.

【결혼】 인연에 따라서 이뤄지는 것을 너무 급하게 생각만으로 되는 것이 아니니 좀 더 기다려라.

【가족】 조금이라도 화목하나면 그것이 다행이니 스스로 마음이 편안하면 그것이 가정의 화목이다.

【임신】 항상 남에게 베푸는 사람에게는 반드시 신의 가호가 있어서 귀한 아들을 두고 잘 풀리게 된다.

【건강】 마땅히 느긋하게 관리하고 몸을 잘 다스려서 조절하고 보양하면 건강을 잃지 않는다.

【농축】 오곡은 대체로 무난하게 자라고 소와 양들도 온순하게 잘 커주니 수확하여 저축이 가능하다.

【실물】 급하게 서쪽을 향해서 찾아볼 수는 있겠지만 큰 재물은 아마도 찾아내기 어려울 것이다.

九十六　上吉　癸己　山濤見王衍

죽림의 산도가 출세한 왕연을 본다.

婚姻子息莫嫌遲　但把精神仗佛持
四十年前須報應　功圓行滿育馨兒

【聖意】　名利訟. 遲方吉. 病漸瘥. 婚姻結.
　　　　終年後. 得子息. 問行人. 未有日.

【東坡解】　謀望雖遲. 終有所遇. 福神相佑. 扶持門戶.
　　　　　終年運泰. 事宜進取. 凡事稱心. 咸無憂慮.

【碧仙註】　莫言來速與來遲. 自要功名兩夾持.
　　　　　但看平生多少力. 晚來忽報事皆宜.

【解曰】　此籤求財發達. 訟莫興. 和爲貴. 婚先未得. 後成. 遠行
　　　　信在. 此月至. 孕生男. 保吉. 墳宅穩. 凡事稱心. 咸無
　　　　憂慮也.

【釋義】　言人求子息者. 主生寧馨兒. 以至凡百謀. 爲初未遂意. 終
　　　　必遇平正心事. 則天必相佑. 名利遠大. 得此籤者主有四
　　　　字之應. 病見凶. 過卯巳月日無事. 子息莫本作仔細非也.

【공명】 비록 늦은 시간에 마음을 일으켜서 준비를 하지만 부귀공명은 한량이 없으니 열심히 노력하라.

【사업】 돈과 물건이 서로 화답하니 노력을 하는 만큼 수확이 늘어나서 재물의 운이 크게 통한다.

【소송】 귀인의 인연이 있으니 당당하게 싸워서 이길 수가 있어서 굽혔던 허리를 펼 날이 온다.

【외출】 밖에 나가서 움직이는 곳마다 인연이 만들어져서 크게 길한 조짐이니 배에 가득 싣고 온다.

【결혼】 하늘에서 맺어주는 좋은 인연이니 가운이 반드시 흥성하고 일생을 해로하게 되는 연분이다.

【가족】 집안의 모든 가족들이 편안하고 재해도 없으니 지절로 따사로운 기운이 감돌게 된다.

【임신】 비록 아기가 늦어지기는 하지만 마침내 주변 사람들의 축하를 받으면서 하늘이 인물을 준다.

【건강】 복덕의 별이 그대를 비춰주니 재앙은 자연히 소멸되고 관리만 잘하면 병은 나아진다.

【농축】 들판에는 오곡백과가 무르익고 있으니 농사를 지은 결과가 자못 볼만하니 올해는 풍년이다.

【실물】 조심하고 삼가하여 실물을 방지하되 스스로 실수만 하지 않으면 반드시 다시 돌아오게 된다.

| 九十七 | 上上 | 癸庚 | 買臣五十富貴 |

곤궁하던 주매신이 50세부터 부귀한다.

五十功名心已灰　那知富貴逼人來
更行好事存方寸　壽比岡陵位鼎台

【聖意】 訟卽解. 名可成. 財漸聚. 病可寧.
　　　　孕生子. 婚姻平. 行人至. 事稱情.

【東坡解】 功名進退. 一旦逢時. 逼人富貴. 皆善所基.
　　　　　更行好事. 相與扶持. 壽高貴顯. 大勝前時.

【碧仙註】 萬事天公作主張. 激言鬚髮已蒼蒼.
　　　　　只須陰騭回天意. 科第登雲壽更長.

【解曰】 此籤大吉利. 婚可成. 財漸亨. 病漸安康. 孕生男. 名利遲. 後必豐. 家道昌. 墳宅平. 行好事. 福祿遂. 凡百事如意也.

【釋義】 人年五十. 其氣已衰. 其心已灰. 一日逢時. 富貴逼人而至. 是乃天數使然. 占者必否極而後泰至. 然又當行好事. 不可貪取妄作. 斯能長保其泰矣. 朱買臣. 五十富貴. 岡陵者. 三壽之謂. 鼎爲三足之器. 各爲三公之象. 占此主有三數之應. 占者詳之.

【공명】 물이 흘러 모여서 큰 강이 되었으니 노력을 한 결과로 반드시 출세하여 이름을 얻는다.

【사업】 움직이고 하는 일들마다 모두 길하니 하나의 기틀로 만 가지가 이로워서 왕성한 발전이 된다.

【소송】 하늘의 뜻이 인간 세상을 유행하니 귀인이 도와주게 되어서 이치에 옳은 자는 반드시 이긴다.

【외출】 정성으로 사람을 접대하니 이르는 곳마다 봄바람이 불어와서 아름다운 소리를 듣게 된다.

【결혼】 여인은 정절을 사모하고 남자는 재주가 좋아서 두 사람이 뜻을 합하니 하늘이 맺은 인연이다.

【가족】 믿음으로 기뻐하고 반갑게 오고가니 가족의 마음이 서로 부합하여 경사롭고 화목하다.

【임신】 대를 이을 자식이 태어나게 되니 부처를 의지하여 기도하고 보시하여 형제간에 우애 있다.

【건강】 마음을 정갈하게 하고 염불을 하면 신령이 지켜주니 기도를 하여 병이 낫고 편안하게 된다.

【농축】 전원에서 이익이 많이 생겨나고 가축들이 증식되어 번영하니 반드시 큰 이로움이 있다.

【실물】 신중하게 찾아보면 반드시 얻어지니 동쪽이나 서쪽에 있는 물건이라 잃어버린 것이 아니다.

九十八　中吉　癸辛　薛仁貴投軍

당의 설인귀가 요동을 진압하는 무관이 된다.

經營百出費精神　南北奔馳運未新
玉兔交時當得意　恰如枯木再逢春

【聖意】　名利有. 晚方成. 訟與病. 久方平.
　　　　孕生子. 行阻程. 遇卯運. 事皆亨.

【東坡解】　營謀難力. 況逢時否. 奔北趨南. 百事未遂.
　　　　　卯年月日. 方可營計. 轉瘁爲榮. 節節生意.

【碧仙註】　買賣弗精神. 求謀時運平.
　　　　　卯年月日至. 方得稱心情.

【解曰】　此籤先凶後吉. 凡事逢春則吉. 遇卯年月日. 百事漸進.
　　　　若貪求. 徒勞心力. 求名晚成. 訟可解. 婚宜審. 孕要保.
　　　　行人阻. 謀望皆要平心和氣. 方免是非也.

【釋義】　言百事營求. 不但勞力. 抑且費財. 奔走南北. 終是無益.
　　　　却宜安坐. 方可無悔. 待卯年月日. 方得名利成就. 如枯
　　　　木逢春. 發生暢茂. 凡事在春大亨. 他季不吉也.

- 【공명】 추운 겨울이 지나가니 매화가 피어나듯이 봄소식을 접하면 크게 이름을 얻게 된다.
- 【사업】 부지런히 일하고 검소하게 생활하여 재물의 기운이 점차로 쌓여서 봄이 되니 대길하게 된다.
- 【소송】 모든 일들이 순조롭게 진행이 되어서 자연스럽게 풀려나갈 것이니 흉을 만나 길로 변한다.
- 【외출】 마음이 사방으로 향하고 있는데 어디로 움직여도 되지 않을 이치가 없으니 반드시 만족한다.
- 【결혼】 부부가 서로 화합하고 순응하고 귀한 아들도 함께 주어지니 이것은 하늘의 보살핌이 된다.
- 【가족】 사람마다 모두 편안한 가운데 좋은 소식까지 들리는 것은 가정에 봄기운이 감돌기 때문이다.
- 【임신】 어린아이의 소리를 듣고자 원한다면 먼저 도를 닦고 힘써 효도하고 공경하라.
- 【건강】 물고기가 물을 얻음과 같으니 약을 먹지 않아도 병은 치유가 될 것이다. 요양만 잘하면 된다.
- 【농축】 부지런히 경영을 하였으니 농작물이 잘 영글었고 가축도 모두 왕성하게 번식한다.
- 【실물】 무슨 까닭으로 잃어버렸다고 생각하는가? 어딘가에 숨어 있다가 반드시 나타나게 된다.

| 九十九 | 上上 | 癸壬 | 百里奚投秦 |

백리해가 번성할 진으로 투신한다.

貴人遭遇水雲鄉　冷淡交情滋味長
黃閣開時延故客　驊騮應時驟康莊

【聖意】　名與利. 訟和事. 家道康. 皆吉利.
　　　　　病卽安. 孕生驥. 婚則成. 行人至.

【東坡解】　憶昔貴人. 忽見邂逅. 從此提攜. 命運亨泰.
　　　　　出入圖謀. 凡事利快. 士庶占之. 前程遠大.

【碧仙註】　如鴻遇順風. 眾隨下水中.
　　　　　得人輕助力. 任意過西東.

【解曰】　此籤上吉. 家宅安穩. 風水利. 名與利皆快便. 婚姻成. 行
　　　　人至. 病安全. 孕生子. 保平安. 凡事皆吉利也.

【釋義】　光武與嚴光同學. 厥後光武物色訪求. 於富春山安車迎
　　　　之. 延之黃關. 士庶占之. 必得貴人提攜. 但未實有富貴.
　　　　凡事主午上大利. 驊騮. 良馬也. 驟康莊. 通且達矣. 水
　　　　雲鄉如黃牛峽. 白馬江. 東南澤國之類. 遣遇于此. 宜謹
　　　　修爲可也.

【공명】 복덕과 국록을 타고 났으니 명리가 겸하여 이뤄지게 된다. 오히려 적덕을 하도록 힘써라.

【사업】 재물의 운수가 화(火)에 이로우니 남방에서 문득 큰 이득을 얻게 될 것이며 큰 운이 다가온다.

【소송】 귀인이 나와 인연이 되어서 물이 떨어지는 곳에 돌이 나오는 것과 같으니 반드시 뜻을 이룬다.

【외출】 집을 나서면 기쁜 일이 있으니 물이든 땅이든 모두 길하여 큰 수확을 얻어서 돌아온다.

【결혼】 멀리에서 만나는 부부의 인연으로 길하고 이로움이 많으니 하늘이 내려 주는 부부인연이다.

【가족】 문전에 봄바람이 따스하니 가족들이 모두 편안하여 새 봄의 운수가 대길하다.

【임신】 또 아들을 얻었다고 기뻐하는데 재물의 운도 강한 두 아들이 태어나서 가문이 빛나게 된다.

【건강】 남쪽으로 가보면 내 병을 고쳐 줄 사람이 있으니 반드시 회복하고 건강을 얻게 된다.

【농축】 전원에서 농사짓고 가축을 키우는데 앞의 운보다 뒤의 운이 더 아름다우니 저절로 여유롭다.

【실물】 잃어버린 물건을 함께 찾아보면 얻을 수가 있는 것은 운수를 잃었다가 다시 찾는 까닭이다.

| 一百 | 上上 | 癸癸 | 唐明宗禱告天 |

명종이 60세에 황제에 올라 제사를 지낸다.

我本天仙雷雨師　吉凶禍福我先知
至誠禱祝皆靈應　抽得終籤百事宜

【聖意】 籤至百. 數已終. 我所知. 象無凶.
禱神扶. 藉陰騭. 危處安. 損中益.

【東坡解】 吉凶禍福. 神先知得. 凡百謀爲. 損中有益.
數雖已終. 週而復始. 更修陰騭. 神必佑矣.

【碧仙註】 吉凶禍福. 神先知之. 更修陰騭. 神必佑之.
凡百謀爲. 有進無止. 數雖已終. 週而復始.

【解曰】 此籤求謀. 無不遂意. 前通後達. 百事如意. 訟有理. 婚必合. 行人回. 孕生男. 風水利. 病全安. 凡事莫貪. 靜處安身可也.

【釋義】 籤至一百. 數之終也. 休咎吉凶. 莫逃聖意. 故於此備詳言之. 占者凡事皆吉. 富貴之人. 當持盈守滿. 則無傾溢之咎. 疾病少. 壯則吉. 老年則凶. 有壽終之兆. 婚姻有百年偕老之吉. 占子孫有長壽. 多男之應. 謀爲有百年. 長久之計也.

【공명】 즐겁게 선을 행하여 게으르지 않으니 반드시 세상에 이름을 떨칠 날이 있어서 뜻을 이룬다.

【사업】 모든 일마다 재물의 운이 함께 따라다니니 고목에 꽃이 피는 형국이라 싹이 자라 숲을 이룬다.

【소송】 하늘에서 귀인이 도움을 주고자 하니 스스로 좋은 소식을 듣게 되니 바로 해결이 된다.

【외출】 말을 타고 달리면서 꽃을 보니 봄바람이 불어올 때에는 뜻을 이루니 복덕성이 비춰준다.

【결혼】 중매하는 사람이 크게 협력하여 처와 재물을 얻게 되니 하늘이 맺어 준 인연이기 때문이다.

【가족】 가정의 평화로움이 마음과 같으니 봄의 기운이 뜰에 가득하고 때때로 기쁜 경사가 겹친다.

【임신】 먼저 낳는 것은 딸이고 다음에 얻는 것은 아들이니 신의 가호를 입어서 복과 녹을 얻는다.

【건강】 오래된 질병이 점차로 좋아지다가 가을이 되면 완전히 나아지게 되니 잘 조리하면 된다.

【농축】 들판에는 곡식이 무성하고 가축도 왕성하게 번식하니 작년의 운세보다 더욱 길한 조짐이다.

【실물】 동쪽의 귀퉁이에서 잃어버린 것인데 뽕나무와 느릅나무에서 찾게 되니 다시는 잃지 말도록 하라.

後記 - 맺음말

　편집(編輯)을 하면서도 시구(詩句)나 풀이에 취해서 손을 멈추고 사전을 뒤지러 다니기를 여러 차례 했습니다. 이렇게 마무리를 하는 단계에서 이대로 그냥 마치면 뭔가 허전하여 나름대로 느낌의 한 말씀을 드립니다.

　백수점단(百首占斷)을 마무리 하고서 가만히 생각을 해 보니까 참 세월이 많이 흘렀다는 것을 먼저 떠올리게 되네요. 처음에 음양오행에 뜻을 둔 이후로 강산(江山)이 두 번을 변화(變化)하고도 절반이 되었으니, 짧지 않은 세월 속에서 낭월인들 어찌 한 두 번만 변했겠는가를 생각해 봅니다.

　입문을 했던 시절에는 뭐가 뭔지도 모르고 열심히 공식을 외우면서 선인(先人)의 흔적을 따라가느라고 분주했던 시기가 있었고, 이때의 풍경은 아마도 '산은 산이요. 물은 물이로다.'의 시절이 아니었을까 싶은 생각을 해 봅니다.

　다양한 음양서(陰陽書)들을 섭렵(涉獵)하면서 너무도 즐거운 나날들을 독서(讀書)에 빠져있었던 행복한 시절이었습니다. 그야말로 천지분간(天地分間)도 못하고 스스로 재미에 푹 빠져있었던 행복이었지요. 이 무렵에 나온 책은『왕초보시리즈』라고 할 수가 있겠습니다.

그러다가 어느 시점에서는 불합리(不合理)하고 확인도 되지 않는 이론(理論)들은 정리를 하기 시작했던 시간들이 있었습니다. 특히 각종 신살(神殺)이며, 무수한 공식(公式)들에 대해서 확인하는 과정에서 이치에 불합리(不合理)한 것들을 정리하기 시작했지요.

그리고 새로운 이론들에 대해서 임상에 나섰고 결과적으로 무척 의미가 있는 시간들이 아니었나 싶습니다. 특히 하건충(何建忠) 선생의 저서들과 함께 심리학(心理學)의 세계로 빠져들어서 인간이 갖고 있는 천성(天性)의 내면을 관찰 할 수가 있는 힌트를 많이 얻게 되었습니다.

이렇게 기존의 이론들이 뒤바뀌고 옳고 그른 것에 대해서 과감하게 정리를 할 수가 있었던 것은 아마도 '산이 물이 되고 물이 산이 되는 소식'을 약간이나마 느낀 것이 아니었을까 싶기도 합니다.

이렇게 명약관화(明若觀火)한 논리(論理)로 다듬어야 한다고 생각하면서 자평명리학(子平命理學)의 이론들을 추구히던 낭월이 어느 순간부터 생각을 조금 달리하기 시작했던 것 같습니다. 이러한 생각에 기름을 부은 선생은 대만(臺灣)의 진춘익(陳椿益) 선생님이었고, 마침표를 찍어 준 선생은 역시 대만의 곽목량(郭木樑) 선생을 만나고 나서였습니다.

아무래도 아직은 '산이 물이고 물이 산이다.'가 계속 진행 중인가 싶습니다. 언젠가는 다시 원시반본(原始返本)의 경지(境地)에서 '산은 본래대로 산이고, 물은 본래대로 물이 되는 단계'에서 자유롭게 노닐 때가 올 것으로 믿고 있습니다.

낭월은 학문을 연구하는 과정에서 '조짐(兆朕)'이나 '계기(契機)'에 대해서 생각을 할 수가 있음으로 해서 비로소 기존에 생각을 했던 것에서 의식(意識)이 두 배로 확장되는 것을 체험할 수가 있었습니다. 처음에는 '그런게 어딧어?'라고 생각했던 것들도 이제는 '그럴 수도 있겠군!' 으로 바뀌었다는 것이지요.

이 '?'와 '!'의 차이는 그야말로 하늘과 땅의 차이라고 해도 되지 않을까 싶습니다. 그래서 황희정승이 그랬다는 머슴과 종의 심판에 대한 의미를 느낄 수가 있었고, 예전에 자신의 팔자를 싸들고 강호를 유람하던 시절에 만난 고수(高手)들의 각기 다른 용신법(用神法)으로 해석을 맞게 하는 묘한 경지를 이해 할 수가 있기도 합니다. 어떻게 보더라도 답은 보인다는 생각을 하게 된 것이지요.

이 백수점단(百首占斷)은 이론적으로는 어떻게 해 볼 부분이 없는 내용들입니다. 기승전결(起承轉結)이 없다는 말씀이지요. 그야말로 우연(偶然)이라고 할 수가 있는 대막대기를 하나 뽑음으로 인해서 길흉화복(吉凶禍福)의 해석이 달라지는 것이니 이론적으로 본다면 그야말로 황당무계(荒唐無稽) 그 자체이기도 합니다.

아마도 10년 전의 낭월이라면 이러한 종류의 책은 거들떠보지도 않았을 것입니다. 물론 간간히 점괘(占卦)를 활용하기는 했었습니다만 이렇게 점괘를 풀이하는 책을 편집할 생각은 하지 못했다고 해야 하겠습니다. 이유는 단 한 가지입니다. 논리적(論理的)으로 타당하지 않다고 본 것이지요.

그런데 현공풍수(玄空風水)를 공부하면서 참으로 우연은 없다는 생각을 했습니다. 좋은 명당자리를 알고 있으면서도 정작 풍수가(風水家) 자신은 그 곳에서 살 수가 없다는 것을 보고 억지로 안 되는 일이 분명히 있다는 것을 생각했습니다. 만약에 이것을 이치로 본다면 모순(矛盾)이거든요.

이론적으로 본다면 과연 그 자리가 명당(明堂)터여서 조상의 시신(屍身-체백(體魄))을 모시고 나면 거부(巨富)가 된다는 것이 확실하다면 가난할 풍수가는 없을 것입니다. 자신의 부모를 그 명당자리에 이장하여 모시고 잘 살면 될 테니까요.

그런데 풍수학의 이치를 임상을 하러 다니면서 그 방면의 전문가들과 이야기를 나눈 결과는 '명당도 복이 있어야 얻어지는 것이지 이론적으로 안다고 해서 되는 것도 아니다'라는 것을 알게 되었습니다.

이렇게 되자 '필연(必然)'을 알게 되었고, 다시 부처님의 '인연법(

因緣法)'을 생각하게 되었고, 나아가서는 또 '음덕(陰德)'에 대해서
도 인정을 하지 않을 수가 없었습니다. 그렇게 해서 이제는 모든
것에는 인과(因果)가 있기 마련이라는 것을 생각하게 되면서 매우
사소한 계기(契機)가 앞으로 일어날 큰 변화를 예시(豫示)한다는
것도 자연스럽게 이해할 수가 있었습니다.

'나비현상'이라고 알고 계시지요? '태평양 바다 위에서 나비 한
마리가 날갯짓을 하였는데 그 영향으로 실바람이 일어나면서 점
점 커진 그 바람이 태풍으로 변해서 산천을 무너뜨리고 강물을 범
람하게 만든다.'는 이야기 말입니다.

태풍은 태풍일 뿐이라고 생각했을 수도 있겠지만 달리 생각을
한다면 태풍과 나비를 떠올릴 수가 있겠다는 생각을 해 봤습니다.
즉 모르는 사람은 태풍만 보지만 아는 사람은 나비까지도 보인다
는 것이 아닐까요? 그래서 점점 보이지 않는 세계를 인정하게 되
어가는 것 같습니다.

예전에는 '세상에서 가장 용한 점술(占術)'이 뭔지를 알고 싶었
던 적이 있었는데, 오주괘(五柱卦)를 알고 나서는 그러한 생각이
완전히 사라져버렸습니다. 세상에 존재하는 모든 점술은 모두 다
용하다는 것으로 결론을 내렸기 때문입니다. 다만 무슨 마음으로
득괘(得卦)를 했느냐는 것과 누가 해석하느냐는 차이만 인정을 하
면 되겠습니다. 그렇지 않았다면 이 백수점단은 나타나지 않았을
것이 확실합니다.

오묘한 자평명리학의 응용으로 탄생한 오주괘를 이해하고 활용하기에는 또 적지 않은 시간의 공부가 필요하다는 것을 알고 났을 적에 그 조바심과 허탈한 마음을 위로할 방법을 생각해 봤습니다. 이렇게 간단하게 답을 얻을 수도 있다는 것을 알게 되고서야 비로소 쉬운 방법도 안내하는 것이 옳겠다고 생각했지요.

아마도 벗님이 뭔가 궁금해서 점괘를 뽑았는데 그 내용이 맞지 않거나 혹은 마음에 들지 않을 수도 있습니다. 그러나 그것은 점괘의 탓이 아니라고 생각해야만 점술(占術)의 세계와 인연이 닿을 수 있다고 보겠습니다. 그리고 이 오묘(奧妙)하고 말로 설명을 할 수가 없는 '아주 특별한 세상'의 의미를 알고 난 다음에는 누가 뭐라고 하더라도 점괘의 의미를 존중하게 될 것도 분명합니다.

이 점기(占機)의 세계가 이론적(理論的)으로는 보이지 않는 것이, 마치 미생물(微生物)의 세계나 영혼(靈魂)의 세계가 육안(肉眼)으로는 보이지 않는 것과 일맥상통(一脈相通)하는 것이 있을 것이라는 생각이 듭니다.

현상계(現象界)와 초월계(超越界)가 같은 공간(空間)에서 함께 호흡을 하면서 공존(共存)하고 있지만 대부분은 그것을 느끼지 못하고, 스쳐지나가지만 몇몇 특별한 능력을 가진 사람에게는 그러한 것이 영감(靈感)을 주는 존재로 분명하게 작용하고 있다는 것을 알고 있는 것과 같지 않을까 싶습니다.

이 백수점단이 잘 활용이 될 수도 있고 그렇지 않을 수도 있습니다. 물론 그것조차도 인연이라고 생각을 합니다만 낭월이 권해드리고 싶은 것은 음양오행(陰陽五行)의 이치(理致)를 궁리하노라면 자연 점괘의 운용도 가능할 것이라는 점입니다. 그야말로 그냥 저절로 되는 것은 아무 것도 없는 것이 아닌가 싶습니다.

즉, 세상의 이치를 알고 있는 만큼 점괘도 그 본질을 보여주는 것이 아닌가 싶은 생각을 항상 하게 되어서 드리는 말씀입니다. 만약 자평명리학의 이치에 밝도록 공부하였다면 당연히 가장 이해하기 쉽고 손쉬운 오주괘(五柱卦)를 권해 드립니다. 그렇지만 음양오행을 이해하는 것이 하루아침에 되는 것이 아닌데, 궁금한 일은 매일 아침마다 생겨나니 그러한 공부가 되기 전까지는 이러한 것이 필요하다고 생각을 했기 때문에 이 책을 편집하게 된 것입니다.

하늘은 비밀이 없다고 믿고 있습니다. 항상 모든 이치를 열어두고 있기에 '천기누설(天機漏泄)'이라고 하는 말은 '누설하면 천벌을 받는 것'이 아니고, '하늘이 항상 계기(契機)를 보여주고 있다.'는 의미로 받아들이게 됩니다. 보여주는 계기를 볼 줄 모르는 것은 자신의 무지(無知)가 문제일 뿐이라고 생각하게 되면 어떤 방법이라도 동원해서 알고 싶은 것이 인지상정(人之常情)이겠지요?

벗님의 기술이 나날이 일취월장(日就月將)하셔서 명장(明匠)이 되신다면 점괘는 더욱 명료하게 그 답을 보여 줄 것입니다. 그리고 점괘의 해석이 지금은 글자로 보이시겠습니다만 그 정도가 되면 글자가 아니고 하나의 힌트로 보일 수도 있을 것도 당연하겠습니다.

이 정도는 되어야 비로소 역학(易學)을 조금 안다고 할 수가 있지 않을까 싶은 생각을 해보는 낭월입니다. 그리고 오랜 시간을 고심하면서 간지(干支)의 세계에서 고뇌의 시간을 보낸 것에 대한 보답이 아닌가 싶기도 하네요. 그래서 더욱더 연마(鍊磨)하고 정진(精進)해야 하겠다는 다짐을 매일 하고 있기도 합니다. 공부는 끝이 없는 것이 아니라 알고 있는 만큼 보이는 것이라고 해야 할 것 같습니다.

벗님께서 점술(占術)의 세계(世界)에 관심이 있으시니까 마음가짐에 대한 약간의 이해를 도와드릴 수 있을까 싶어서 마무리 삼아 중언부언(重言復言) 했습니다. 모쪼록 즐거운 나날의 시간들이 되시기만을 간절히 바라는 마음입니다. 인연이 되셔서 고맙습니다.

2010년 9월에 계룡감로에서 낭월 두손모음